Урсула Дорн

Волчонок из Кёнигсберга

Автобиографический роман

перевод с немецкого

AFZ ETHNOS
2023

Ursula Dorn

Ich war ein Wolfskind aus Königsberg

Biographischer Roman

Mit einem Kommentar von PD Dr. Winfrid Halder
Direktor der Stiftung Gerhart-Hauptmann-Haus,
Deutsch-osteuropäisches Forum, Düsseldorf

Моему сыну Клаусу и моей внучке Янине посвящается

Redaktor: Alex Dreger
Redaktor der Buchserie „Opfer des 2. Weltkrieges“: Hugo Wormsbecher

Редактор: Алекс Дрегер
Редактор серии «Жертвы Второй мировой»: Гуго Вормсбехер

Herausgeber: Ausbildungs- und Forschungszentrum ETHNOS e.V.
Bezugsadresse: AFZ ETHNOS e.V., Bermesdickerstr. 9, 44357 Dortmund
Tel.: +49 231/317 30 20
E-Mail: afz.ethnos@gmail.com

Bibliografische Information der Deutschen Nationalbibliothek:
Die Deutsche Nationalbibliothek verzeichnet diese Publikation in der Deutschen Nationalbibliografie; detaillierte bibliografische Daten sind im Internet über http://dnb.d-nb.de abrufbar.

ISBN 978-3-98885-023-2

Предисловие редколлегии

Залпы орудий германского учебного корабля «Шлезвиг-Гольштейн» в Данцигской бухте ранним утром 1 сентября 1939 года возвестили о начале Второй Мировой войны в Европе. Начался военный конфликт, до настоящего времени не превзойдённый по своему размаху и ожесточению. В него окажется вовлечена большая часть населения Земли, и завершится он только через шесть долгих военных лет.

Война разделила детство автора этого автобиографического романа «Волчонок из Кёнигсберга» на две неравные части. Счастливая пора жизни девочки четырёх лет от роду закончилась в тот момент, когда её отца, бедного рыбака из Кёнигсберга, с началом войны призвали на военную службу. Маленькая Урсула была старшей из четырёх детей и сильнее своих братьев и сестёр переживала разлуку с папой. Но отношения с матерью у неё не складывались. Измена матери привела к распаду семьи, и дочь не смогла её простить даже спустя десятилетия. Хотя к единоутробному брату от случайной связи матери девочка относилась с любовью.

Детские впечатления о жизни в Кёнигсберге военной поры не отличаются хронологической точностью, однако ярко передают обстановку в городе, к которому постепенно приближалась зона боевых действий. Может быть, именно эти «неточности» и являются самой ценной частью повествования, поскольку, по-своему точно отражают психологию восприятия событий простыми людьми. Британские бомбардировки Кёнигсберга оставили его жителей без крова, сломав привычный ритм жизни пока ещё тылового города. Но настоящие испытания для жителей города начались после взятия советскими войсками 9 апреля 1945 года города-крепости Кёнигсберг.

Именно этому периоду своей жизни уделяет основное внимание в романе У. Дорн. Автор повествует о событиях, которые большинство участников разыгравшейся драмы в дальнейшей жизни постарались изгладить из своей памяти. Эта книга должна стать напоминанием потомкам об ужасах войны и, одновременно, памятником её невинным жертвам.

«Волчонок из Кёнигсберга» Урсулы Дорн открывает серию публикаций, посвящённых простым людям – жертвам Второй мировой войны.

Автобиографический роман непрофессиональной писательницы, ребёнком пережившей ужасы последних месяцев войны и страдания первых послевоенных лет, можно было бы ещё назвать и народной летописью.

Роман написан «не писательским» языком, немецкий оригинал изобилует повторами и оборотами, характерными для обыденной речи. На долю переводчиков выпала непростая задача максимально сохранить образность авторского повествования и, вместе с тем, передать его в приемлемой для русскоязычного читателя стилистической форме.

Замечания и дополнения можно направлять по адресу: ethnos-campus@web.de

Предисловие Хайке Вольтера

Волчата

Словно голодные волки скитались после смуты Второй мировой войны по Польше и Литве немецкие дети-попрошайки, чтобы выжить самим или выклянчить пропитание для своих близких. От безмятежного детства не осталось и следа. Взрослели дети в нужде и страхе.

После взятия Восточной Пруссии в конце Второй мировой войны советскими войсками почти все немецкие дети потеряли свои семьи. Родители многих умерли от голода, были высланы или убиты. Дети оказались предоставлены самим себе.

История свидетельствует почти о 25000 таких детей, в одиночку или небольшими группами скитавшихся по стране. Около 5000 из них бежали в Литву, где на некоторое время получали пристанище. Но только совсем маленькие дети, быстро привыкшие к новому жизненному укладу, выучившие литовский язык и забывшие своё немецкое происхождение, оставались в литовских семьях. Остальные, после непродолжительного приюта и использования их в качестве недорогой рабочей силы, шли дальше. Происходило так в первую очередь из-за собственной нужды и от страха перед советскими военными, так как это грозило депортацией собственных семей. Многие гонимые дети-волчата погибли – умерли от голода, измождения и побоев.

Другие, оставшись в Литве, обосновались и устроились там. Третьи – около 200 человек – переехали в Германию, приобретя после всех своих мытарств жизненное кредо: «Будь рад, что жив, забудь, что было, смотри вперёд!»

Сейчас они пытаются осторожно осмыслить прошлое. Взгляд в прошлое помогает понять, как можно помочь этому «забытому поколению» (Сабина Боде[1]), оказавшемуся тогда между всеми фронтами.

Потребность избавиться от страшных видений прошлого ощутила и автор этой книги Урсула Дорн. Ей, по её словам, она «отдала» свою боль.

Волчонок из Кёнигсберга

Откуда я родом

Мою мать звали Аста Ведигкайт, урождённая Хауке, а отца Франц Ведигкайт. Моя мама была двенадцатым ребёнком своих родителей Ирмы и Густава Хауке. Они своим трудом зарабатывали себе на жизнь, которая была связана с морем. Мама вышла замуж за моего отца Франца 13 апреля 1935 года в Кёнигсберге. А 19 апреля 1935 года, также в Кёнигсберге, родилась я. После меня появились ещё четверо: одна сестра и три брата. До шести лет я плавала на барже моих бабушки и дедушки, так как у родителей не было своего судна. Когда же мне пришло время учиться, родители сняли квартиру в Кёнигсберге. Мы поселились на улице Унтерхаберберг. Поблизости располагалась школа, в которую я ходила до весны 1945 года. За это время мы ещё раз переехали в центр, на Форштедтише Ланггассе, 139. Когда мой дедушка умер, их сыновья стали владельцами барж, а моя бабушка Ирма тоже переехала в город. Она поселилась на Континер Вег, где был садовый участок с домиком, в котором ей хотелось пожить в одиночестве. Мы, дети, всегда радовались возможности поехать к бабушке. Я часто садилась на трамвай, который останавливался прямо перед дверью нашего дома, и бесплатно[2] доезжала до бабушки. Часто я оставалась там и на ночь, а потом оттуда также бесплатно доезжала до школы. Кондуктор меня уже знал и всегда улыбался, когда я садилась. Моя бабушка получала совсем маленькую пенсию и редко могла помочь нам деньгами. Мы радовались любой мелочи, покупая на неё несколько конфеток. В саду у бабушки росло несколько ягодных кустарников, которые мы по-разбойничьи обчищали летом. Нам казалось вкусным всё, что там росло.

В 1939 году моего отца призвали в армию, и он, как и многие мужчины, оставил свою молодую семью и был отправлен во Францию. Никто не думал, что это станет началом наших будущих несчастий. Для моей матери, с её к тому времени четырьмя детьми, это оказалось тяжёлым испытанием. Мой отец был тоже из многодетной семьи с восемью братьями и сёстрами, в которой каждый имел только самое необходимое. И, несмотря на то, что отец зарабатывал не очень много, отсутствие кормильца почувствовалось теперь во всех отношениях. Так или иначе, мы, дети, были очень привязаны к отцу. Особенно я, поэтому мне его очень не хватало. Я всегда чувствовала поддержку отца. Он часто брал нас с братом Гербертом в поездки на грузовике, если нужно было отвезти пекарям муку или привезти её с мельницы из пригорода, чтобы снова заполнить хранилище на Прегеле[3]. Мы были очень рады, если нам разрешалось поехать вместе.

Но это теперь всё было в прошлом. Отец был далеко, и мы очень скучали. На отпуск нельзя было и надеяться, но однажды от него пришла неожиданная посылка, в которой были вкусный шоколад, разные сладости и два прекрасных белых платья: для моей младшей сестрёнки Евы и меня. Мы были в восторге от них. Моим братьям Герберту и Гансу папа прислал деревянные игрушечные автомобили. Мы, конечно, были этому очень рады, но всё-таки отца нам не хватало.

Было ли детство в Кёнигсберге?

Война приближалась к городу. Начались воздушные налёты русской авиации[4] на наш город, и нам приходилось всегда быть начеку, идя по улице. Особенно опасны были обстрелы с бортовых орудий самолётов. Лётчики неожиданно появлялись на бреющем полёте над крышами домов, и это было очень страшно. Продовольственное снабжение тоже становилось всё хуже. Масло, сахар, мука и хлеб выдавались по талонам на питание. О фруктах мы уже даже не мечтали. Не хватало и одежды, которая выдавалась по специальным ордерам. У меня осталась лишь одна истоптанная пара обуви. К нам стал часто приходить человек из управы и предлагать моей матери в кратчайшие сроки покинуть город. Так как мы были многодетной семьёй, у нас были преимущества перед другими, но мать упорно стояла на своём и даже не хотела думать о том, чтобы уехать из Кёнигсберга. Если бы она так сделала, мы были бы избавлены от многих бед. Детство для нас оказалось страшным временем. Мы почти перестали играть. Из-за взрывов гранат не могли появляться на улице, превратившись в подвальных детей, позабывших свежий воздух.

Однажды мне посчастливилось. Перед нашим домом остановился военный грузовик, доверху гружёный обувью. Я воспользовалась этой ситуацией и спросила солдата о паре обуви для себя, моих братьев и сестры. Он позволил мне забраться в машину и что-нибудь выбрать. Я там долго копалась, пока не нашла подходящий мне размер, а также обувь, примерно подходящую моим братьям и сестре. Я поблагодарила солдата и помчалась с этой добычей к маме, которая была поражена тем, что я притащила. Началась большая примерка. Конечно, эта обувь оказалась не совсем впору, но мы носили её, даже несмотря на появившиеся на пятках волдыри.

Из-за постоянных воздушных налётов занятия в школе часто отменялись. Бывало, что окончания воздушной тревоги мы дожидались в подвале школы, где мы кричали от страха. И однажды нам не разрешили ходить в школу, её просто закрыли. Я не могла осознать того, что дороги туда больше нет, и как-то даже тайком выбралась из дома, чтобы посмотреть, не вернулись ли все.

Маленькие вылазки

Иногда, если не было обстрелов, я бежала к тёте Агнес, которая жила в нескольких кварталах от нас. Это была старшая сестра моей матери. Там я всегда чувствовала себя очень хорошо, у них было уютно. За завтраком мы откровенничали с её 16-летней дочкой Карин о вещах, которые я никогда не обсуждала с матерью. Не знаю почему, но очень многого у нас дома просто никогда не делалось. Я смотрела, как тётя Агнес шила для своих дочерей на швейной машинке. Мне это очень нравилось. То, что для Карин было мелочью, мы с младшей сестрёнкой получали лишь как подарок. Всё по-другому было у тёти Агнес. Там радовались красивым вещам. У нас же дома всё выглядело не так уютно. Ко всему прочему, моя мать была ещё и заядлой курильщицей, поэтому наши талоны на масло обменивались на курево. Так как я была старшей дочерью, то должна была бегать по соседям и обменивать талоны. Нам, детям, из-за этого доставалось ещё меньше от положенного мизерного пайка. По этому поводу между матерью и тётей Агнес, не одобрявшей её поведения, часто возникали конфликты.

Потом у матери появилась новая знакомая по фамилии Сам, с которой она часто исчезала. И во время воздушных налётов мы были брошены на произвол судьбы, не зная, где нам находиться – в подвале или в квартире. Поскольку я была старшей, то должна была за всем следить, хотя и сама очень боялась, что с нами может что-то случиться. Потом моя мать познакомилась с одним солдатом из подразделения, которое было расквартировано на нашем садовом участке. У нас там была прекрасная большая беседка, где до начала авианалётов мы часто проводили выходные. Но потом это стало опасно. Иногда мы ещё осмеливались туда выходить, когда над городом было тихо, но это стало редкостью. Только моя мать часто ходила туда со своим приятелем. В результате этих отношений на свет появился мой младший сводный брат Макс. Для моего отца, которого уже долго не было с нами и который приехал однажды в отпуск, рухнул весь мир, когда он увидел ребёнка. Я даже точно помню выражение его лица. Между родителями последовал семейный скандал, а мы не могли понять, что произошло, и только ревели. Потом отец ушёл и не появлялся несколько дней, хоть мы постоянно спрашивали, где наш папа... Он долго не возвращался. А когда однажды снова пришёл, мы сразу повисли на нём, каждый хотел посидеть у него на коленях. Я думаю, отец тоже радовался возможности всех нас обнять. Только к младшему у него не было никаких чувств. Он даже не смотрел на него. Мы же, старшие, души не чаяли в малыше и баловали его.

Отец побыл с нами ещё несколько дней и должен был уезжать. Нам было очень грустно и хотелось всегда быть с ним. На этот раз он со своей частью отправлялся в Россию, и никто не знал, на сколько. А что оставалось теперь моим родителям?.. Прощание! И мы не могли в полной мере осознать разочарование нашего отца.

Война

День за днём наши игры на улице становились для нас всё опаснее. Иногда нам ещё удавалось добираться до садового участка к нашей бабушке Ирме, где мы потом оставались ночевать, если было опасно возвращаться домой. Из-за авианалётов трамваи ходили не всегда. Кое-как у нас всё-таки получалось добираться туда и обратно. На Континервег[5], где у бабушки был сад, почти каждый день с вокзала прибывало много моряков для прохождения службы на военных кораблях на верфи Шихау[6]. Для нас это было хоть каким-то развлечением. Мы просили моряков разрешить нам понести какие-нибудь их вещи. Они смеялись и давали нам что-нибудь понести. Мы сияли от радости, когда за это получали от них немного денег или сладости. Солдаты получали хороший паёк.

Мы постоянно опасались бреющих полётов русских. Однажды мы опять остались у бабушки и не успели добраться до бомбоубежища, которое находилось совсем рядом от сада. Мои братья Герберт и Ганс, бабушка и я долго лежали на полу, на котором предварительно расстелили несколько одеял. Нам было страшно, а потом мы заснули от переутомления. И совсем не заметили, что творилось у левого уха моего брата Ганса. Утром он лежал весь окровавленный, а мы не могли понять, что произошло. Потом моя бабушка сказала, что это могла сделать крыса, и всех нас охватил настоящий ужас. Дрова и уголь становились всё более дефицитными, поэтому мы тайком пробирались на расположенную за нашим садовым участком сортировочную станцию, где часто стояли вагоны с углём. Мы украдкой умыкали из вагонов то, что можно было достать, но делать это приходилось молниеносно, так как вокруг всегда крутились железнодорожные патрули. Мы так наловчились в этом деле, что нам всегда везло.

Иногда мы играли на рельсах между вагонами. Это было очень опасно, но доставляло нам большое удовольствие. Мой дядя выходил на лодке к верфи Шихау, чтобы вылавливать уголь сеткой. Я часто отправлялась с ним, и нам от этого что-нибудь перепадало. Так нам удавалось держаться на плаву. Потом моя бабушка Ирма переехала в квартиру к своей дочери Агнес, так как авианалёты становились всё сильнее, и она не могла уже оставаться одна на садовом участке. Одну страшную бомбардировку мы уже пережили, но то были англичане[7]. Глубокой ночью за пару часов весь центр города превратился в руины. Это было страшно. Завыли сирены, все в ужасе проснулись. На улицах был хаос. Люди смотрели на светлое как днём небо, которое сверкало от полосок разбрасываемого с самолётов станиоля[8], которые выглядели, как огромный крест. Мы смогли добежать только до бомбоубежища на Оберхаберберг (у главного вокзала)[9]. Этого я никогда не смогу забыть. Из-за сильной взрывной волны от бомбардировки люди в бункере упали. Страх сломил меня, я подумала, что мы теперь все умрём. Удары непрерывно следовали один за другим, весь центр города был в огне. И никто не мог нам помочь.

К утру бомбёжка стала затихать, и некоторые отважные жители даже потихоньку покидали бомбоубежище. Но мы, скованные страхом, не решались выйти наружу. Не было никакой ясности. Вдруг мы увидели тётю Агнес с дочерью Карин и бабушку, с бледными как мел от пережитого ужаса лицами. Они были ошеломлены, что увидели нас здесь. В бункер они проникли с другой стороны, и так как здесь было очень темно, мы не видели друг друга. Наконец, мы решились, как и все остальные, выйти наружу. Всё горело, и каждый наощупь пытался пробираться по улицам. Нам очень повезло: дом, в котором мы жили, оказался нетронутым. Тётя Агнес была очень взволнована; мы должны были непременно пойти с ней и посмотреть, осталась ли цела её квартира на Кнохенштрассе[10]. Но уже издалека мы увидели, что все дома там разрушены. Мы разревелись, уткнувшись друг в друга от отчаяния. У троих из нас теперь не было крова. Но главное, что они сами остались живы. Первое время они оставались у нас. Но это продолжалось недолго, потом тётя Агнес смогла получить новое жильё на Унтерхаберберг. Они были этому очень рады, поскольку такому количеству человек не хватало места ни в нашей совсем небольшой квартире, ни в бомбоубежище под домом. Все родственники подыскивали для них самое необходимое, чтобы хоть как-то обустроить их быт.

Жизнь во тьме

Скоро нам стало трудно даже ходить по улицам. Многочисленные обстрелы с воздуха теперь были и днём, и всегда на бреющем полёте. Люди прижимались к стенам домов. Если я хотела пойти к булочнику напротив нас, то должна была быть очень осторожна, чтобы не попасть под обстрелы. Весь город простреливался. Почти вся наша жизнь теперь проходила в бомбоубежище, потому что сирены уже не справлялись с предупреждением людей об авианалётах. Как-то мы находились в нашей квартире на четвёртом этаже, так как моя мама хотела приготовить для всех нас приличный обед. Накануне ей удалось раздобыть что-то у мясника. Должен был получиться гуляш, и мы этому очень радовались. Вдруг мы услышали жуткий взрыв и упали на пол. Это снаряды «Катюши» попали в соседний дом. Нашему дому тоже досталось: все оконные стёкла разбились, двери распахнулись, мебель попадала. До смерти напуганные, мы лежали на полу, не осмеливаясь подняться. Тут моя мама резко закричала: «Всем встать и быстро в подвал!»

Мы выбежали на лестницу. Везде валялись обломки. Когда мы спустились в бомбоубежище, остальные жители, бледные как мел, уже сидели по своим обычным углам. Перепуганная насмерть, моя мать после этого не пошла наверх. Уже позже мы увидели, во что всё превратилось. Из мебели почти ничего не осталось, но мы привели в порядок то, что ещё можно было спасти. Поскольку на улице ещё было холодно, окна заколотили принесёнными из подвала кусками картона. Но для жилья квартира стала непригодна, и нашей главной обителью стал подвал. В начале года мы, дети, заболели коклюшем. Этот ужас длился несколько недель. У нас не было никакой медицинской помощи, никому не хотелось рисковать и выходить под обстрел. Больницы были переполнены ранеными солдатами, так что для населения уже не оставалось мест. Мой младшенький брат заболел воспалением лёгких, поэтому ни днём, ни ночью не было покоя, кто-то всегда кашлял. Мама занималась Максом, а я помогала справиться с приступами братьям и младшей сестрёнке Еве. Ради свежего воздуха мы, если это было возможно, вставали у открытой подвальной шахты. Соседи тоже по возможности помогали нам.

Наш младший братик не вынес всего этого. Ему было только 9 месяцев, когда он умер. Для нас это было очень тяжело. Хоронили его на кладбище Понарт[11], что было непросто сделать. Только моя мать могла пойти туда, всем нам это было слишком опасно.

Коклюш у нас постепенно проходил, но мы ещё больше ослабли. Нам не хватало самого необходимого питания. Школа уже несколько недель была закрыта, потому что обстрелы в городе и пригороде день ото дня становились всё сильнее. Всё пошло кувырком. В подвал приходили соседи, чьи дома разбомбили, и они вынуждены были там жить. Нам же пока везло.

Однажды к нам в подвал пришли несколько юных солдат не старше 14-15 лет для обороны улицы. Они встали перед подвальной шахтой на пару ящиков, просматривая таким образом улицу. Отсюда они намеревались стрелять в неприятеля. Так нам было сказано. Люди в подвале даже представить себе не могли, что для этого использовали ещё совсем детей. Униформа и шинели, одетые на них, были такими длинными, что волочились по земле.

Остаться или идти?

День ото дня становилось всё хуже. К матери постоянно приходили люди и говорили: «Фрау Ведигкайт, Вы с детьми должны покинуть Кёнигсберг. У Вас осталось совсем мало времени. Отправляется ещё несколько судов с ранеными солдатами через Балтийское море в Данию. К ним ещё могут присоединиться несколько многодетных семей.»

Но моя мать не поддавалась уговорам. Почему? Я этого никогда не понимала, ведь она должна была думать о своих ещё живых четверых детях. Хотя и её сестра Агнес, и бабушка Ирма постоянно говорили: «Аста, уезжай отсюда с детьми!», – ничего не помогало. Одному чиновнику она как-то ответила: «Вы можете всадить мне пулю в грудь. Я остаюсь здесь!» Для нас же всех было безумием так думать. Когда же, незадолго до вхождения русских в Кёнигсберг, моего тяжело раненого отца доставили из России в больницу в районе

Хуфен[12], думать о каком-то побеге было уже бессмысленно. Мой отец, видевший уже много ужасов, умолял мою мать бежать, но и это не помогло. Только один раз мы смогли навестить отца в больнице. Он рассказывал нам о бойне и кошмарах под Кёнигсбергом, и мы все сжимались от страха перед тем, что нам ещё предстояло.

Из небольших населённых пунктов русские снова и снова отбрасывались немецкими солдатами, но потом их снова захватывали русские.

Рана на плече у моего отца более или менее зажила, и он снова получил приказ возвращаться на фронт. И это – за десять дней до вступления русских в город. Нам было больно снова расставаться с отцом, и мы тогда не знали, что это было уже навсегда. Из России он больше не вернулся.

Тётя Агнес пришла к нам, прижимаясь из-за обстрелов к стенам домов, и сказала: «Я с Карин поеду, пока есть ещё хоть какая-то лазейка убежать, но бабушку мы не сможем взять с собой. Она очень слаба и этого не выдержит.»

Мы были в шоке, так как теперь моя мать, кроме нас, должна была заботиться ещё и о бабушке. Потом они принесли бабушкины пожитки, а мы, дети, получили ещё и родного человека, к которому могли просто прильнуть от страха. Люди в подвале день ото дня становились всё нервознее. Все сидели с мрачными лицами, и никто не знал, что произойдёт следующим днём или ночью. Мы слышали только звуки «катюш». А сквозь подвальные дыры видели лишь горящие дома.

Наша дверь в бомбоубежище распахнулась от взрывной волны и захлопнулась. Нам стало очень страшно. Притулившиеся у нас юные солдатики дрожали от страха и тоже не могли выйти, потому что им было приказано обороняться. Все говорили им: «Бегите прочь, к себе домой!» Наконец, они так и сделали. Куда они пошли, кто знает. А мы вдруг почувствовали, что должно было что-то произойти. Положение становилось жутким. Ходили слухи, что русские уже перед городом, и мы чувствовали, что это действительно так.

Русские идут

9 апреля 1945 года, в 5 часов утра, в Кёнигсберг вошли русские[13]. Из-за выстрелов и разрывов гранат мы не слышали, как на наш дом посыпались зажигательные снаряды[14]. Всё вокруг полыхало. Верхнюю часть нашего дома сорвало, горела лестница. Моя мать и

другие люди побежали к входу в погреб, чтобы посмотреть, можно ли ещё вырваться отсюда живыми.

Всё было в густом дыму. Они прибежали назад, выкрикивая в отчаянии: «Нам отсюда не выбраться!»

Внезапно до наших ушей донеслись крики на чужом языке. Это были мужские и женские голоса на русском. Они проникли сюда из соседнего подвала через разрушенную стену. Но от нас выйти наружу было невозможно. Они входили в подвал друг за другом с направленными на нас штыками. И впереди были русские женщины в униформе. Мы оцепенели от страха. Они стояли вокруг нас, толкали людей и в бешенстве выкрикивали слова: «Урре, урре, урре!» Никто не мог понять, что это значило. Одна русская подскочила к моей матери и снова прокричала эти слова: «Урре! Урре!» Моя мать схватила будильник и хотела ей его дать, так как подумала, что спрашивают, сколько сейчас времени. Но та в бешенстве заорала и направила на мать оружие. В смертельном страхе мы вцепились в маму, и женщина отступила на несколько шагов. Её интересовало не время, а золотые наручные часы. Тётя Хельга, которая за несколько дней до этого пришла к нам с сыном Гарольдом, сказала: «Аста, отдай ей часы, иначе она тебя прикончит.»

Они получили ото всех часы и убрались. За ними пришла очередная толпа и перерыла весь подвал. Мы уже прощались с жизнью. Жар становился невыносимым, и мы боялись, что не выберемся из горящего дома. Неожиданно русские вернулись и погнали нас из подвала. Выбираться пришлось очень трудно и медленно, но в глубине души мы были рады, что хоть не сгорим заживо. Соседняя лестница тоже была в огне, но мы смогли выбраться. Оказавшись, наконец, снаружи, мы увидели полыхающую улицу. Русские разъезжали по городу на танках и сгоняли людей.

Погнали как скот

Внезапно русские набросились на нас. Они орали, выкрикивая «давай, давай, давай!», и многим доставались удары оружейными прикладами в спину. Тётя Хельга после такого удара чуть не потеряла сознание. Нас выгнали наружу и погнали всех по улице, как скот. Беспорядочную толпу женщин с детьми и стариков гнали в неизвестность. Мы вцепились в маму, как обезьянки. Меня охватил страх, что нас могут разлучить. Пройдя так метров двести, у церкви на Оберхаберберг[15] мы вдруг заметили, что нигде не видно нашей бабушки. Мама заволновалась и решила вернуться, чтобы её поискать, но это оказалось уже невозможным. Русские гнали нас, как стадо скота, всё дальше и дальше. Обратной дороги не было ни для кого. Моя мама всё время кричала, зовя свою мать, но бабушка бесследно исчезла. Тогда она крикнула тёте Хельге: «Нам надо внимательно смотреть за детьми, чтобы и их не потерять.»

Мы с братом Гансом, крепко уцепившись за руки тёти Хельги, тащились дальше, теряясь в страшных догадках, что могло произойти с нашей бабушкой. Мы плакали и не могли смириться с мыслью, что потеряли её навсегда. Снова и снова мы кричали: «Бабушка, бабушка, где ты?» Но она исчезла.

Мы проходили пути сортировочной станции. Везде лежали мёртвые солдаты, немцы и русские. Они выглядели ужасно изуродованными. Один раз я закричала от страха, увидев движущийся на нас русский танк. Потом вдруг он сделал разворот направо, туда, где лежал израненный немецкий солдат, и на наших глазах раздавил его гусеницами. Я ещё видела, как дёргалось его тело. Мы закричали от ужаса.

Вдруг моя мама споткнулась о рельсы и тут же получила удар от русского солдата. Таких лиц, как у него, я никогда раньше не видела: широкое и узкоглазое. Мы все разом вскрикнули. А этот омерзительный тип вырвал у мамы из рук чемоданчик и исчез. Там были все наши документы. И так поступали со всеми. Это был грабёж. Теперь нам оставалось либо выстоять, либо погибнуть. Нас погнали дальше в направлении предместья Понарт[16]. Мы были совершенно ослаблены от невыносимых жажды и голода, но понимали, что надо терпеть. Нас гнали всё дальше и дальше. Вдруг я увидела лежащий на улице голубенький самокат. Схватив его, я поставила на него сестрёнку Еву и покатила её рядом. Еве было всего четыре годика, и идти вровень с нами ей было очень трудно. Мы с братом Гербертом стали по очереди подталкивать её на самокате, понимая, что при всех превратностях судьбы нам надо держаться вместе.

До сих пор мы не видели ничего, кроме трупов, лежащих повсюду. Выйдя из Понарта, мы потащились по просёлочной дороге. Слева и справа нас окружала стена леса. Нам велели остановиться. Оцепенев от страха, мы гадали, что теперь произойдёт. Русские ходили в толпе и выбирали женщин. Люди в ужасе кричали «нет, нет, нет»! Но это, конечно, не помогало. Солдаты тащили и загоняли их в лес. Срывая одежду, они набрасывались на них. Для нас, детей, рушился мир. Мы были вынуждены видеть, как варварски насиловали молодых и старых женщин. Солдаты, как звери, стояли друг за другом, ожидая своей очереди. Ни одна из этих женщин не вернулась обратно, они были до смерти замучены. Это продолжалось до ночи, а на следующее утро мы увидели этих женщин, полуобнажённых и окровавленных, повешенных на деревьях. Не было сил видеть всё это. Русские специально так сделали для устрашения нас и пленных немецких солдат, которых гнали мимо. Мы закрыли руками глаза и только вопили от ужаса, ведь то же самое могло случиться и с нашей мамой.

В неизвестность

Мы почувствовали какое-то облегчение, когда русские скомандовали нам встать и погнали дальше. По обеим сторонам дороги, тут и там, в канавах лежали тела изнасилованных женщин, убитых детей и солдат. Рядом валялись разодранные вещи, но никто из нас не имел права к ним прикасаться. Мы должны были идти дальше, но сил уже не было.

Некоторые падали от изнеможения, и никто не мог о них позаботиться, каждый был вынужден выживать сам. Упавших просто добивали прикладами, и это было их концом.

Когда мы стали чересчур медленно плестись, один русский подошёл и выдернул у меня из рук самокат. Моя младшая сестрёнка упала и не могла уже идти. Матери пришлось нести её на плечах. Но надолго сил у неё не хватило. Тётя Хельга сменила её, и так они шли, постоянно меняясь.

Мы плакали от изнеможения, жажды и голода. Отчаяние людей становилось с каждым часом всё сильнее. Конвоиры заметили это и привели нас на участок с какими-то постройками. Русские сортировали здесь похищенные у людей вещи. При этом они, как звери, орали между собой, но мы ни слова не понимали. Мы увидели колодец и бросились к нему, чтобы, наконец, утолить жажду. Люди почти дрались из-за глотка воды. У тёти Хельги была бутыль, которую мы несколько раз наполняли, чтобы вдоволь всем напиться. Потом нас опять согнали всех вместе, не позволяя никуда отойти. Мы все кричали, что хотим есть, но нам ничего не давали. Приближался вечер, и стало жутко от предчувствия чего-то неизбежного.

Спустя некоторое время русские, со словами «давай, давай, пошли», стали строить рядами спотыкающихся и падающих людей. Указывая на людей пальцами, солдаты выкрикивали: «Раз, два, три, выходи! Раз, два, три, выходи!» Это значило, что каждый третий должен был выйти из ряда, и это всегда оказывалась женщина. Женщины должны были встать слева, мужчины и дети отправлялись направо. Потом женщин погнали в сарай, а мужчин и детей – на конюшню. Снова возникла паника, женщины звали своих детей. Их опять подвергли жестокому насилию. А мужчины… это были только старики, они должны были не только отдать русским часы и кольца, но и открыть рты, чтобы показать, нет ли у них золотых коронок. Если таковые имелись, то их тут же вырывали, и весь этот ужас видели дети. Потом из сарая поодиночке выходили совершенно истерзанные женщины и искали своих детей. Полуокровавленные, полуобнажённые и совершенно безучастные они кое-как валились на пол. Так и моя тётя Хельга. Она была полуживая и только плакала. Её сын Гаральд и моя мама пытались очистить её от крови с помощью соломы, но ничего не получалось. Для одиннадцатилетнего Гаральда и для всех нас было шоком видеть такое.

Никто не мог покинуть сарай, повсюду стояли караулы солдат с поднятыми штыками. Всё вокруг просматривалось. Мы были в ужасе от одного лишь предчувствия, что ещё может с нами произойти. Вечером появились вооружённые русские женщины в униформе и направились к женщинам, на которых ещё были меховые пальто. Они потребовали их снять и ушли. Теперь эти женщины стояли на холоде без одежды и замерзали. Некоторые сердобольные стаскивали с себя свои ватники и отдавали им. Нас продолжали бдительно охранять, и все гадали, что нам ещё предстоит. Ночью изнасилования возобновились.

Моя мама и тётя Хельга ужасно боялись, что их тоже могут забрать. Мы, дети, прижались вместе и сгребли побольше соломы, чтобы спрятать в ней маму и тётю. Порой мы сидели прямо на них так, чтобы русские этого не заметили. Нам повезло, их не тронули. Ранним утром нас выгнали во двор, а потом загнали в сарай. Здесь мы все получили немного воды и по ломтику русского хлеба. Он был тяжёлый, как свинец, и мерзкий на вкус, но с голодухи мы его проглотили. Весь день мы под бдительной охраной оставались там.

Следующей ночью русские солдаты опять стали выгонять из сарая кричавших от отчаяния женщин. Нас охватила паника, мы с мамой бросились к куче сена, моя тётя с сыном – за нами. Мы как можно быстрее закопались в сено и затаились. Позже мы заснули от изнеможения, а на следующее утро проснулись от голосов русских солдат.

Когда я повернулась в сене, то натолкнулась на что-то твёрдое и подумала, что это сестра или брат. Я стала руками расчищать твёрдый предмет и окаменела от ужаса, когда увидела, что это немецкий солдат без головы. В ужасе от увиденного я стала звать маму. Всё моё тело дрожало, меня вырвало. К нам тут же подскочили русские солдаты и всё переворошили. Потом они вытащили труп этого солдата из сена и положили в центре сарая. По-видимому, это было сделано для устрашения. Моя мама, брат и сестра крепко прижали меня к себе, и только так я постепенно пришла в себя. Почти все плакали от такого изуверства, а солдат так и остался там лежать.

Марш смерти[17]

Нас всех выгнали на улицу и построили. Подъехал русский грузовик, и из него выпрыгнуло несколько солдат. Мы подумали, что нас куда-то отправят, но вышло по-другому. Нам снова дали немного воды и ломтик свинцового хлеба, вкус которого был таким, словно он был выпечен на машинном масле. Но это было нашей пищей. Через несколько часов многим людям стало так плохо, что их вырвало. Наверняка из-за того хлеба, выпеченного на солярке, потому что и нам к вечеру тоже стало совсем паршиво, нас выворачивало. Многие уже не могли идти с нами и оставались в придорожных канавах. Никто не мог о них позаботиться, каждый стремился сохранить свою собственную жизнь.

Ночь мы провели на опушке леса, где солдаты охраняли нас со всех сторон. Женщины пытались спрятаться среди деревьев, но их находили и загоняли в грузовики. Их снова насиловали, раздавались непрерывные крики. Мою маму до сих пор словно ангел хранил, тётю, напротив, терзали уже много раз. С рассветом всех опять, словно скот, выгнали на дорогу и погнали. Все настолько ослабли, что шли всё медленнее. Это не устраивало русских, и они били нас прикладами. Люди кричали от боли, но нашим конвоирам это было безразлично. Мама тоже получила удар в поясницу и от боли упала на землю. Но сила воли заставила её взять себя в руки и плестись с нами дальше.

Вдруг мы увидели нескончаемую колонну людей, идущих нам навстречу. Это были немецкие солдаты, сгоняемые к месту сбора. Их охраняли, не позволяя останавливаться и разговаривать с нами. Так все они, друг за другом, прошли мимо нас, не произнеся ни слова, иначе на них посыпались бы удары, и достаточно сильные, как мы потом убедились.

После нескольких часов нашего передвижения сил у нас совсем не осталось, и русские придумали для нас новые мучения. Они остановили всех и, как всегда, знаками показали, будто мы должны получить что-то поесть. Но оказалось не так. Они направили нас от шоссе к дороге, местами выложенной досками[18], и вдруг мы заметили, что земля под нами неустойчива. Мы поняли, что это болото. Все испугались и началась неразбериха. Мы увидели несколько человек, тонущих в грязи, которые уже не смогли выбраться. Ужасно было слышать, как они звали на помощь, но никто не мог им помочь. Мы в ужасе закричали: «Мама, мама, держи нас крепко!» Мы, как обезьянки, крепко уцепились за мать, чтобы не оступиться в болото.

Вдруг младшая сестрёнка Ева поскользнулась на доске и тут же оказалась в трясине. Женщина, шедшая сзади, подхватила её и ловко вытащила наверх. Ева вся была вымазана грязью, но мы прижали её к себе, счастливые от такого спасения.

Когда мы преодолели ещё несколько отрезков этого страшного пути, то в некотором отдалении увидели большой сарай. Все опять догадались, что затеяли русские. Многие женщины попытались сбежать, но это не имело смысла. Они не ушли далеко. Болото поглотило их. Это было самым ужасным, что нам, детям, пришлось увидеть. Всех загнали в сарай, где уже стояли русские солдаты и ждали нас. Они снова отбирали женщин и валили их у дальней стены на пол. Нашу маму мы прижали в углу к полу и легли на неё. Она оказалась спрятанной под нашими маленькими телами и даже с трудом могла дышать. Но она держалась, а мы от страха не решались встать. Солдаты бросались на женщин со спущенными штанами. Для нас это было таким зверством, что от испуга останавливалось сердце. Трудно было осознать, что человек в здравом уме способен на такое. За всю свою жизнь я не подвергалась такому стрессу, который пережила тогда, в десятилетнем возрасте. Моя детская душа при виде этого треснула на всю оставшуюся жизнь.

До утра мы оставались сидеть около мамы на корточках и не знали, где тётя Хельга с Гаральдом. На следующее утро мы увидели их, лежащих сзади нас среди кучи дров, накрытых соломой. Это и спасло их ночью. И опять всех, способных ещё как-то ходить, погнали дальше. Когда мы вышли на дорогу, начался дождь, и мы стали просто собирать воду по каплям, чтобы хоть какая-то влага попала в рот. Некоторые даже прижимались к земле, чтобы попить из луж. Сестрёнка Ева тоже так пила, а через несколько дней она и многие другие заболели дизентерией. Никаких медикаментов ни у кого, конечно, от этого не было, и люди становились всё слабее.

Моя мама знала, как можно помочь в таких случаях. Когда нас прогоняли через разрушенную деревню, она присматривалась к обугленным балкам или деревяшкам и подбирала их. У одного обгоревшего дома она метнулась к одной балке, голыми руками соскребла с неё что-то чёрное и сразу вернулась к нам. Мама растирала эту массу до порошка и давала её есть Еве. Не очень охотно, но Ева принимала его, и так каждый день, пока этот порошок не закончился. Других средств не было. Ева стала так слаба, что мы по очереди несли её. К нам присоединялось всё больше людей, которых непонятно откуда пригоняли. Через несколько дней мы пришли на какую-то площадь, где были только бараки. Кругом лежали горы гранат, к которым нас и подвели. Женщин и стариков заставили складывать гранаты на грузовики. Это продолжалось до темноты, и сопровождалось побоями тех, у кого уже не было сил. Дети должны были на всё это смотреть. Мы плакали от страха, что с нашими мамами могло что-то случиться. Ту ночь мы провели в бараках. Они были настолько грязными, что никто не осмеливался лечь на голом полу. Но усталость и слабость одолели нас. Утром нам опять дали немного воды и кусок «машинного хлеба». Люди поедали это, как животные. За всё время этого страшного марша у нас не было горячей еды, только вода и хлеб. Несколько часов спустя мы снова должны были тащиться через поля и небольшие опустошённые городки. Но в населённых пунктах мы никогда не останавливались. Почему? Этого мы не знали. Если мы делали остановку, то лишь на открытой дороге или там, где были сараи и конюшни.

Обратно в Кёнигсберг

Всё это продолжалось недель пять, а потом мы вдруг заметили, что снова идём по направлению к Кёнигсбергу. И стар, и млад были уже без сил. После долгой ночи в поле ранним утром нас снова погнали под неусыпной охраной, чтобы никто не мог сбежать. Потом пересчитали, сколько было женщин, детей и стариков. Большинство уже умерло от слабости, изнасилований и голода. И мы никого не могли даже похоронить. Люди стали уже безучастны к этому, потому что не знали, не будут ли они сами следующими. Но вот мы увидели первые руины Кёнигсберга, и мало-помалу у людей появилась надежда. Но до сих пор никто не знал, что нас ожидает. Мы снова пришли в Понат, и нас погнали в направлении верфей Шихау. Мы оказались на Унтерхаберберг, где увидели мёртвых раздутых лошадей, лежащих вдоль улицы. Тут же повсюду лежало много разлагающихся человеческих тел. Это было похоже на ад. Все дома были в руинах, мы видели лишь горы нечистот, хлама и догорающие дома. Дороги оказались завалены. Нам показалось, что нас ведут к центру города.

Под вечер нам приказали остановиться и разделили на группы примерно по 30 человек. Нашу группу, в которой был и сын тёти Хельги, загнали в наполовину уцелевший дом, и велели разделиться, пятнадцать человек в правой части дома, а оставшиеся – в комнатах, расположенных напротив. Никто не знал, почему. К концу дня нам опять дали немного воды, которую русские притащили в больших цинковых вёдрах, и по половинке масляного хлеба. Хоть и ужасен он был на вкус, но мы съели его, как пирожное.

Никто не мог покидать здание. Естественные потребности мы должны были справлять на заднем дворе. И было ужасно, что делать это приходилось под наблюдением. Позже, лишь только некоторые попадали на пол, чтобы чуть-чуть поспать, снаружи раздались крики. Это были направлявшиеся к нам русские. Ослепив нас фонариками, они приказали встать и снова стали отбирать себе женщин на ночь. Забирали, кого им хотелось. Нашу тётю Хельгу снова увели. Всех женщин сначала вытолкали в коридор, а потом завели в другое помещение. Во время нашего марша нам, детям, было страшно видеть это и слышать, но здесь, в помещении, казалось ещё ужаснее. Мой кузен Гаральд сидел рядом и только затыкал уши, потому что его мама была там. Спустя несколько часов она вернулась к нам полуживой и только оцепенело смотрела вперёд, ничего не говоря. Через какое-то время она разразилась истерическим плачем, и всё её тело страшно дрожало. Мы ничем не могли ей помочь.

Беззащитные

Русские оставили всё втоптанным в грязь. Мы вдруг обнаружили, что конвоиры, мучившие нас на протяжении недель, исчезли. Нас теперь никто не охранял. Каждый пошёл своей дорогой, не смотря уже соседу в затылок. Убитые русские и наши военные и штатские лежали по всей округе на улицах и в развалинах. Мы только успевали перелезать через убитых. Это было ужасно. Перед нами стояла только одна цель, а именно, достать что-то съедобное. Поэтому мы обшаривали каждый оставшийся невредимым уголок в надежде что-нибудь найти. Но тысячи людей занимались тем же. Каждый хотел есть и пить.

Единственной мыслью нашей мамы теперь было найти свою маму. Мы с трудом пробирались по развалинам улиц, которые были усеяны трупами. Ужасно воняло. И, конечно, везде были русские военные. Прошло несколько дней, прежде чем мы добрались до нашего бывшего дома. Мы все надеялись, что бабушка сумела всё-таки укрыться в нашем бомбоубежище. Но когда мы пришли, там никого не было. Стояли только выжженные развалины, такие же, как и все дома вокруг. Это было огромным разочарованием для моей мамы. Подвал был усыпан пухом из перин. Все оставленные постели русские разрезали. В отчаянии покинули мы своё жилище, и не ведали, куда теперь податься. Нам надо было найти хоть какое-то пристанище, но мы везде видели только руины и горы пепла. Среди этих обломков торчали и части тел, и мы думали, что здесь могла лежать и наша бабушка. Такими жуткими были наши мысли.

Спустя долгое время мы нашли что-то, где могли ночевать. Это были две полуразрушенные комнаты на нижнем этаже когда-то четырёхквартирного дома, разбомбленного русскими. Он находился на Хорст-Вессель-Штрассе[19], недалеко от вокзала. Мы с мамой легли на голый пол и были рады поспать хотя бы так.

Днём мы побрели искать любую пригодную вещь, которую хоть как-то могли бы использовать. Повсюду царил хаос. Но мы нашли две баночки фруктового варенья и, обрадовавшись словно королевскому подарку, притащили их маме, чтобы хоть что-то поесть. Русские тоже обшаривали всё вокруг в поисках съедобного. У солдат не было нормального довольствия. Каждый день на походной кухне им давалась каша. Тут нам ничего, конечно, не доставалось. Картошку они получали поштучно в сыром виде и жарили её потом сами на открытом огне, на кострах, обложенных камнями. Мы, дети, располагались напротив и выжидали, как изголодавшиеся коршуны. Мы стояли за каждым костром и надеялись, что всё-таки достанется картошка. Часто в нас даже бросали камень или горсти камней. Солдатам было жалко что-то нам давать, так как им самим не хватало. И так происходило ежедневно. Утром каждый из нас отправлялся своей собственной дорогой. Каждый думал только о себе самом. Так теперь поступали все дети в городе. Мы превратились в уличных детей, постоянно ищущих что-то съедобное или попрошайничающих.

При этом мы ещё постоянно остерегались, чтобы на нас не напали и не обворовали более старшие. Две комнаты, которые мы теперь называли своими, были обставлены двумя довольно приличными кроватями, которые мы нашли в одном подвале. О перинах, конечно, мы не могли и мечтать. Около себя мы укладывали только свою одежду, и по-настоящему высыпаться было непросто, потому что русские расхаживали и днём, и ночью по всем жилищам немцев. Здесь были только старики, дети и женщины, и согласно приказу Сталина[20], все двери везде должны были всегда оставаться открытыми, чтобы русские солдаты в любое время, когда хотели, могли выбрать себе женщин, девочек или бабушек, чтобы насиловать их. Они так и делали, без оглядки на присутствие детей, которые находились при этом.

Где бабушка?

Моя мама теперь думала только о том, чтобы найти нашу бабушку. Каждый день, если не попрошайничали, мы начинали с её поисков. Сначала мы обыскивали ту улицу, на которой жили, пока нас не выгнали русские. Мы проверяли каждую кучу мусора, и там, где замечали торчащие части тел, мы начинали дрожащими руками разгребать в надежде её найти, но тщетно.

Спустя примерно четыре недели, когда мы снова с найденными граблями и лопатой были за работой, к нам неожиданно подошл7и тётя Хельга с Гаральдом, счастливые уже только от того, что встретили нас. Они ещё не нашли себе никакого пристанища, поэтому отныне мы стали жить вместе в наших двух полуразрушенных комнатах. Мой брат был на год старше меня, поэтому у нас появилось какое-то чувство защищённости. Целыми днями мы бродили с ним и попрошайничали.

Моя тётя сказала однажды маме: «Аста, давай пойдём в бывший садик бабушки на Континер Вег. Может быть, в ту ночь, когда мы её потеряли, она пошла туда.» Мама думала, что этого никак не могло быть. С её больными ногами, в те дни полной неразберихи. Но мы всё-таки решились пойти. Не один час добирались мы туда по разорённым и опустошённым улицам, а когда пришли, то убедились, что на всех садовых участках расположились русские. Всё было занято танками и разной техникой, и нас сначала не хотели пропускать к бабушкиной лачужке.

Тётя Хельга, которая немного говорила по-русски, спросила, могли бы мы войти внутрь, чтобы поискать нашу бабушку. Нам разрешили.

Мама с тётей вошли в домик и ужаснулись, увидев там бабушку полуобнажённой, изнасилованной и уже наполовину разложившейся. Они закричали от ужаса. Мы, дети, тоже вошли туда и не могли осознать, что это была наша бабушка. Потом мама упрашивала одного русского, чтобы ей и тёте Хельге разрешили прийти ещё раз и похоронить бабушку в её садике. Он сказал «да», и мы, полные скорби, ушли.

Придя на следующий день, мы, к нашему удивлению, обнаружили, что тело бабушки исчезло из домика. Тётя Хельга пошла спросить об этом русского, но тот прогнал нас. Бабушка исчезла. Мы с мамой обыскали все окрестные улочки, но бесполезно. Мы были страшно подавлены, а мама даже заболела.

Выживание

Для всех нас настали ужасные времена. Каждый из нас ежедневно должен был просто выживать, справляясь с новыми проблемами. Чем дольше мы жили на улице, тем суровее становились по отношению друг к другу. Такова была действительность. Мы бегали, наступая на лежащие трупы, и это нас уже не волновало. Каждый был голоден и искал что-нибудь съестное.

Как-то, во время этих поисков я попала на бывшую Бисмаркштрассе[21]. Здесь всё было в обугленных трупах – зажигательная бомба попала в колонну солдат. Как в кошмаре, я пробиралась дальше и около какой-то стены нашла ручную тележку. Я пришла в восторг от этой находки, подумав, что теперь нам не придётся таскать по развалинам обугленные балки, чтобы обогреть дом. Я сразу же нагрузила тележку валяющимися там деревяшками и повезла её маме, чем очень всех обрадовала.

На следующий день, во время таких же походов, я обшаривала какой-то подвал в надежде что-нибудь найти, и вышла во двор, где валялись разные вещи. Тут я заметила полуоткрытую дверь, за которой была кладовка. Обнаружив там большой деревянный ящик, я уже хотела войти, чтобы забрать доски, и вдруг заметила две ноги, торчащие из-под пола. Сначала я совершенно окаменела. Посмотрев в ящик, я увидела там мёртвую изнасилованную молодую женщину. Ноги её уже были обгрызаны крысами, носящимися здесь из угла в угол. Мне стало жутковато, но я подумала: делать не́чего… Я взяла себя в руки, разобрала ящик и погрузила дощечки на тележку.

Так проходили недели за неделями, и положение наше становилось всё хуже. Город превратился в груду развалин. Повсюду царил беспорядок. Везде лежали трупы, зловоние летом стало нестерпимым. Русские устраивали массовые захоронения у замкового пруда. Грузовики один за другим доставляли известь, а старики-немцы, чтобы не возникла эпидемия, должны были обсыпать ею трупы. Мы часто наблюдали это, когда попрошайничали напротив.

О чистоте и порядке людям пришлось забыть. У нас не было ни моющих средств, ни мыла. Даже воды не хватало, повсюду одни руины. Воду мы по одному ведру в день приносили из здания полиции городского округа на Оберхаберберге[22]. Каждый день здесь стояла очередь людей в надежде что-нибудь раздобыть. У всех нас была ужасная чесотка и вши, которые под струпьями впивались в тело. Но никто не мог дать нам медикаменты или что-то, способное облегчить наши страдания. Мама состригла нам волосы на голове, чтобы было легче справиться с этим, но всё было бесполезно. Ни чесотка, ни вши не оставляли нас, заставляя до крови расчёсывать тела.

Однажды нас, всех немцев, собрали у русской комендатуры и построили. Затем русские медсёстры обработали нас каким-то красным, как мармелад, жгучим веществом, которое они доставали из своих вёдер. После этого мы должны были прийти ещё раз через две недели, но средство это нам совсем не помогло. Моему брату Герберту от чесотки было так скверно, что, когда утром он снимал свою единственную ночную рубаху, всё тело было в струпьях. Видя это, моя мама всегда плакала и помогала осторожно её снимать. Это продолжалось целую вечность. Нам неоткуда и не от кого было ждать помощи.

Спустя несколько недель многие люди в городе заболели тифом и мёрли, как мухи. Началась эпидемия. Я тоже заразилась, все волосы на голове, которые уже отросли после маминой стрижки, выпали. От болезни я так ослабла, что еле держалась на ногах. Мои брат и сёстры всегда выделяли мне свои крохи от попрошайничества, но я ничего не могла есть. Мама мне постоянно давала проглатывать раздробленный древесный уголь с водой, но я уже начинала терять волю к жизни. Но потом мало-помалу мне стало лучше, и я поднялась. И опять пошла попрошайничать.

Скитания попрошаек

Теперь нашей целью стала сортировочная станция, куда прибывали поезда из России и отправлялись обратно. Когда они по несколько часов стояли на уборке, мы как хищники набрасывались на них в поисках чего-то съестного, но всегда напрасно. Случалось, кто-нибудь давал нам краюшку хлеба или пару картошек, но это было везением. Чаще мы ходили в поисках съестного к складам русских солдат. Мы обыскивали все отходы, высматривая картофельные очистки или что-то подобное. В точности, как крысы, роющиеся повсюду.

Однажды среди мусора я обнаружила целую рыбину. Я страшно обрадовалась и прибежала с ней к маме. «Девочка моя, эта рыба уже испорчена, мы не можем её есть». Но я настояла на том, чтобы её сварить. Мама разделала её, но не было ничего, чем её сдобрить. Трухлявая рыба при этом вся раскрошилась. Несмотря на это мы, дети, её с жадностью съели.

Иногда мы с мамой ходили к верфи «Шихау», где остались брошенные на произвол судьбы баржи. Мы пытались проникнуть на них, но это не получалось, потому что русские их всегда охраняли. Там могли быть зерно, соль, уголь и ещё многое из того, что русские привозили для себя. Мы только подбирали там случайно просыпанные отдельные зёрнышки, часами занимаясь этим. Однажды русские оставили в стороне целый мешок, и по просьбе мамы мы стащили себе немножко оттуда. Но русские за нами при этом наблюдали и наказали нас за воровство, всё отобрав. А нашу маму потом ещё и изнасиловали в неподалёку стоящем старом сарае. В отчаянии мы вернулись и уже больше никогда не ходили с мамой. С моим кузеном Гаральдом мы через пару дней снова отправились туда и нам повезло. Брат сказал мне: «Улла, ты будь на страже, а я захвачу мешок с зерном». На углу стоял охранник, но мы были такими шустрыми, что он не заметил нас. После этого мы сразу примчались домой, и наша мама даже обняла нас от радости. Зерно мы просушили на плите, а потом перемололи в ручной кофемолке. Из этого мама сварила мучной суп на воде, без соли. Для нас всех это стало воскресным обедом. Из зёрен мы приготовили и кофе. На плите обжарив зёрна, мы их потом размололи. Так, день за днём, мы перебивались.

С приближением осени и зимы положение наше становилось всё хуже. Стало совсем нечего есть, и тысячи людей в Кёнигсберге умирали от голода. Не могли мы найти и дров для растапливания печи. Город отрезали от энергоснабжения. Мы только сидели вместе вечерами перед открытой печной дверцей. Плохо было и со стиркой белья. Моя мать с тётей Хельгой ходили стирать в Хорст-Вессель-парк[23], где был пруд, у которого они устроили импровизированный мостик, чтобы с него выполаскивать бельё. Мы, дети, ходили всегда с ними, потому что русские могли изнасиловать женщин.

Однажды чудесным воскресным солнечным днём моя мама пошла на мостик одна. Вдруг она увидела позади себя тень. Она молниеносно повернулась и столкнула стоящего позади неё русского с мостка. Тот упал и скрылся под водой. Мы быстро убежали прочь и из-за стены наблюдали, как он, не умея плавать, отчаянно боролся за свою жизнь. А мы помчались изо всех сил к нашему пристанищу.

Время от времени русские подыскивали для себя какое-нибудь пригодное жильё.

Как-то они поселились напротив нас, и мы думали, что у нас теперь совсем не будет покоя. Сначала мы испугались, но потом заметили, что это были и семьи с детьми. Дети любопытны, и мы стали дразниться. Так мы учили русский язык. У некоторых из них были раскладные ножики, которыми они нам – попрошайкам – угрожали. Тогда мы стремглав бежали к маме. Это становилось всё более опасным.

Мы не могли там больше оставаться и стали искать новое жильё. В тот же день мы отправились с тележкой, на которой был весь наш нехитрый скарб, в направлении Унтерхаберберг. Там когда-то жили мои дедушка и бабушка по отцовской линии, а также их братья и сёстры. Мы надеялись застать в этом квартале кого-то из них в живых. Но мы нашли только наполовину уцелевший дом в одном из дворов, где уже жили чужие люди. Напротив стоял наполовину заселённый четырёхэтажный дом. Между ними располагался маленький двор с проходом на улицу. Всё там выглядело таинственно и казалось нам даже жутким. Повседневная нужда гнала нас каждое утро попрошайничать. Мама познакомилась там с одной женщиной, примерно её возраста, у которой была 14-летняя дочка. Мы обратили внимания, что она всегда ходила в чёрном тряпье и никогда не выходила одна на улицу. А если выходила, то только с мамой. Потом мы узнали, что это было защитой от изнасилований, хотя это всё-таки не раз с ней случалось. Спустя какое-то время она оказалась беременна.

Становилось всё холоднее, и мы подумали, что на полях в окрестностях Кёнигсберга мы сможем ещё найти на пашнях что-нибудь съедобное. Полные надежд, мы отправились туда, но были жестоко разочарованы, поскольку до нас там уже побывали сотни человек, которые так же пытались что-то найти. Всё было словно подметено. Нам предстояла жестокая борьба за выживание. Мой брат Ганс ушёл как-то с утра, а к вечеру не вернулся. Мама волновалась весь день. А мы ничем не могли помочь, потому что не знали, в каком направлении он пошёл, и всю ночь ждали его в нашей тёмной каморке. Под утро мы услышали тяжёлые шаги и жалобный плач. По голосу мы сразу узнали нашего Ганса. Мама кинулась к нему и увидела, что его коленка вся разбита и в крови. Лицо тоже было запачкано кровью. Он попрошайничал на сортировочной станции, и там его до потери сознания избили русские солдаты. Придя в себя, он отправился в обратный путь, преодолевая боль в колене и на лице. В свои неполные девять лет он был очень отважным мальчишкой.

Как-то я познакомилась на улице с одной русской женщиной, которая жила неподалёку. Она была военнослужащей в офицерском звании и жила в небольшой квартирке на Штайндамм[24] с другими солдатами. Поскольку действовала только одна колонка у полицейского участка, я через день приносила ей по два ведра воды. Мои знания русского языка становились всё лучше. Я стала говорить уже достаточно прилично, и это помогало нам выживать в суровой повседневности. Однажды, придя опять к этой женщине, я увидела лежащую на кровати гимнастёрку, из верхнего кармана которой выглядывала рублёвая купюра. Я подумала, что мне непременно надо ею завладеть, чтобы на чёрном рынке для всех нас купить кусок хлеба. Женщина вышла в другую комнату, а я, уличив момент, схватила купюру, потом подошла к ней и спросила, не нужно ли ей принести ещё воды. Она сказала «да», а я взяла ведро и, радостная, умчалась. Сначала я побежала к маме, отдала ей деньги и пошла за водой. Вернувшись к своей русской знакомой, я передала ей воду, получила от неё, как обычно, кусок хлеба и помчалась домой. Это была нужда, которая ни перед чем не останавливала.

История с собакой

Потом над нами поселился один человек. Он был сапожником и иногда ремонтировал обувь русским солдатам. К нему однажды пришли двое русских с собакой, которую они привязали к сломанному штакетнику внизу. Когда мы с братом увидели её, Гаральд сказал: «Улла, нам надо её поймать и зарезать». «Ты с ума сошёл», – сказала я. «Нам нужно что-то есть!» – был ответ. «Пошли скорее. Давай, быстрее, мы справимся с ней». И мы приступили к делу. Это была чёрно-белая дворняжка. Гаральд был исполнителем. Он затащил собаку в сломанный туалет и ударил её топором по голове. Она завизжала, Гаральд испугался, затолкал собаку в подвернувшийся мешок и помчался с ней в подвал. Через подвал мы пробрались в соседний дом, и Гаральд добил собаку. Меня при этом просто выворачивало, но мысль, что у нас будет что-то поесть, вытесняло из сознания всё другое.

С собакой в мешке мы пришли домой. Гаральд сказал: «Теперь мы должны ободрать шкуру. И мы это сделаем в квартире.» Моя мать уже несколько дней тяжело больной лежала в единственной кровати, которую мы были вынуждены друг с другом делить, и уже не могла вставать. Войдя, мы сначала положили зверя в мешке в цинковый тазик и задвинули его под кровать матери. Она сказала: «Так нельзя. Таз надо убрать. Если его кто-то обнаружит, то нам не жить.» Мы взмолились: «Мамочка, оставим здесь, это никто не увидит.»

Неожиданно к нам вошёл сосед сверху, и с ним те двое солдат. Один из них был похож на монгола и выглядел устрашающе. Всё его лицо было в ужасных оспинах и шрамах. Нас сразу спросили: «Где наш пёс, которого вы сюда затащили?» Мы ответили, что никакой собаки у нас нет, и мы никого не видели. Они этому, конечно, не поверили и начали всё обыскивать. Подойдя к кровати, на которой лежала мама, монгол нагнулся и вытащил тазик. Он изрыгнул из себя поток ругани на русском и тут же, достав из-за пояса пистолет, направил его на маму. Мы в ужасе закричали: «Нет, нет, нет!» Он отступил, а другой русский сказал, что если мы в течение недели не достанем нового пса, то он вернётся, и нам будет худо. Сердца наши перехватило от страха. Монгол только спросил ещё, кто убил собаку. Гаральд поднял палец. Тогда монгол вывел его на улицу и так высек, что Гаральд потом долго не мог бегать. Мы разрыдались, так мучительно всё это было. Моя мать сказала: «Делайте с этим, что хотите, я лучше умру, чем съем хоть кусочек этого.» Мы взяли себя в руки. Гаральду пока было нехорошо, но мы всё-таки смогли содрать шкуру с собаки и разрезать на куски. Потом кусочки отварили в воде, и мы, дети, это поели. По вкусу нам это представлялось, как праздничное жаркое.

Уже на следующий день мы отправились искать новую собаку. Мы с братом пришли на казарменный двор русских. Тут кругом бегали собаки, и нам повезло, что к нам подбежал небольшой коричневый щенок. Мы его тут же схватили и радостные побежали к маме, которая уже и не надеялась, что мы сможем найти собаку. К сожалению, у нас не было для него ничего съедобного, и пёсик был вынужден голодать вместе с нами, получая только воду.

Через день те двое русских пришли к нам снова, желая увидеть, нашли ли мы новую собаку. И очень обрадовались, увидев щенка, который сразу безропотно пошёл с ними. Один солдат сказал потом нашей маме, что хочет принести нам немного пшеницы. На следующий день он принёс нам полкило пшеницы, чему мы безмерно обрадовались.

Голодная зима 1946

Зима 1946 года стала для нас злым роком. Страшные холода никак не хотели отступать. Люди умирали и от голода, и от мороза. Царил хаос. Повсюду на улицах лежали мёртвые люди, и похоронные команды не успевали их хоронить. Появлялись всё новые братские могилы. При таких злых морозах только голод вынуждал нас выходить на улицу.

Каждый день мы ходили попрошайничать на железнодорожную сортировочную станцию. Мы, как крысы, обыскивали все железнодорожные пути и закутки в надежде найти что-то съедобное, выметенное русскими женщинами из вагонов. Но чаще всего это было бесполезно. Мы воровали друг у друга и даже дрались из-за куска хлеба, который иногда давали солдаты. Мы выскабливали остатки полевой кухни, если хоть немножко пшёнки там оставалось. Бывало, что тот или иной русский солдат уже сам не мог есть эту жратву. И тогда дети получали их миски. Наши нищенские котомки, которые мы называли кошельками попрошаек, мы всегда носили при себе.

Однажды я опять шла вдоль путей и подобрала какой-то замёрзший кусок, думая, что это был кусочек хлеба. Когда я пришла домой, то сначала положила его оттаять. Позже, когда посмотрела, оттаял ли он, я с отвращением обнаружила, что то, что я приняла за хлеб, было кучкой человеческого дерьма. Моя мама тоже расстроилась, она обняла меня, чего уже давно не было, и пыталась меня утешить. Но я всё-таки ещё долго переживала из-за этого.

Однажды мама попросила нас снова пойти к нашему старому жилью и посмотреть, цел ли ещё наш дом на Форштедтише Ланггассе,[25] или русские уже превратили его в руины. Почти все дома там были выгоревшими, а те, которые сохранились, подожгли зансво. Всё стояло в огне, и весь город пропах гарью. Мы пошли туда. Стоя около дома и наблюдая всё это, моя мама сказала: «Я хочу посмотреть, сможем ли мы войти в наше бомбоубежище». Какое-то странное чувство подсказывало, что внутри кто-то есть. Подвальные шахты были чуть приоткрыты, и моя мама решила, что Герберт и Ганс должны остаться снаружи и наблюдать, чтобы кто-нибудь из русских не спустился вслед за нами. Мы пошли туда вдвоём. Мама с силой толкнула дверь, но она сразу не открылась. Когда мы сделали это вместе, она поддалась, и в лицо нам ударил жуткий смрад. Посередине помещения лежал мертвец, под которым было ещё несколько тел. И из тела торчал тесак со знаком свастики. Его прикончили русские, и для устрашения так и оставили лежать. Он уже почти разложился, и мы, закрыв рот руками, быстро обшарили подвал в надежде найти что-то пригодное. Потом поспешили выбраться наружу.

Лишь бы прочь отсюда

Положение оставшихся в нашем городе людей становилось всё хуже. Во время моих ежедневных скитаний я стала задумываться о дне, когда я сама должна умереть. Меня всё больше охватывал страх.

Однажды я, как обычно, вышла из дома одна и уныло побрела, при этом постоянно всхлипывая и плача. Вдруг я оказалась на сортировочной станции. Здесь мне было всё хорошо знакомо. Из рассказов я знала, что уже многие дети уехали отсюда на единственном, отправляющемся в Россию, поезде. Спустя несколько часов русские стали загружать товарный поезд. Я подумала, что в нём найдётся уголок, где я, свернувшись калачиком, незаметно поеду. Я шла вдоль поезда с обеих сторон, подлезая под него и забираясь на тамбуры. Тут меня заметил один русский и спросил, не хочу ли я поехать вместе. Я ответила «да» и подумала: «Девочка, тебе повезло убраться отсюда». Я уже не думала больше ни о ком, испытывая только непреодолимое желание спасти собственную жизнь.

Солдат приподнял меня и спрятал за большим ящиком. Он сказал мне очень тихо по-русски, что я не должна разговаривать, дабы никто не услышал и не увидел меня. Другие солдаты сидели вокруг печки-буржуйки и играли в карты. Никто не заметил, как этот солдат спрятал меня там. И тут вдруг я почувствовала огромный страх и задрожала всем телом. Солдат заметил это и дал мне военный ватник. Я легла на пол и закуталась в него. Казалось, это продолжалось целую вечность, пока не задвинули двери вагона. Русский сидел рядом с дверью и словно охранял меня. Вдруг поезд рывком тронулся. Я очень испугалась и спрятала лицо в ватник, чтобы никто не услышал моего плача.

Я вспомнила о своих маме, братьях и сестре, но обратной дороги для меня уже не было. Хуже было то, что я даже не представляла, куда еду. Всю ночь поезд полз как черепаха. Охваченная паническим страхом, я даже боялась пошевелиться. Но, видимо, мой ангел-хранитель был со мной. После долгого пути поезд остановился, а я и не представляла себе, где могла находиться. Русский солдат вытащил меня из-за ящика, отодвинул дверь и поставил на безлюдную платформу. Я видела только железнодорожные пути вокруг. Он прокричал мне по-русски, чтобы я как можно быстрее убегала отсюда. Я послушалась и побежала вдоль поезда. Внезапно поезд тронулся, а я осталась стоять одна-одинёшенька, охваченная паническим страхом, не решаясь куда-то идти. Потом я увидела нескольких приближающихся ко мне мужчин и побежала, перескакивая через рельсы. Я оказалась у какого-то здания, обошла его вокруг и очутилась на улице. Видимо, было ещё очень рано, потому что улица была совсем безлюдной. Мучимая голодом и жаждой я побрела дальше, и тут ко мне подошла женщина в платке. Она заговорила со мной по-русски и спросила, что я в такое время делаю на улице. Я ответила ей, как меня зовут и откуда я. Она сказала мне, что я в Литве, и город называется Каунас. Но я тогда ещё не знала, где и что это. Женщина взяла меня с собой. Она жила с пятью или шестью детьми в маленьком домике. Пол был устлан соломой, на которой лежали дети и спали. Она сказала мне, что я должна тоже прилечь и немножко поспать. Она сразу поняла, какой я была уставшей. После того, как я проснулась, по-видимому, уже днём, она дала мне что-то поесть. Она обращалась со мной, как со своими детьми. Потом я снова пошла.

Я заметила, что это был совершенно другой город, и люди тоже были другими. К вечеру мне опять стало очень страшно, ужасно хотелось есть и пить. По пути мне попалась булочная, а я уже и забыла, что это такое. Я вошла внутрь и попросила кусочек хлеба. Должно быть, люди сразу догадались, что я немецкая попрошайка. Позже я узнала, что литовцы называли нас, немецких детей, ещё и волчатами. Я ела тёплый хлеб как голодная волчица, настолько изголодавшейся я была. Мы уже позабыли, что такое хлеб, и я даже не могла представить себе его вкус.

Когда я сидела на ступеньках перед булочной, в неё вошёл мужчина и стал смотреть на меня через витринное окно. Выйдя из булочной, он заговорил со мной по-немецки. Я подумала, откуда он знает немецкий? Может быть, он тоже немец? Но это был учитель, как я потом узнала, и он хотел взять меня домой. Я разговорилась с ним. Он спросил, где мои родители, и есть ли у меня ещё братья и сёстры. Не знаю, что на меня нашло, но я сказала, что у меня нет больше ни родителей, ни братьев и сестёр. Я очень испугалась, что он отошлёт меня обратно. Он спросил: «Они все умерли?» Я сказала «да». Он побеседовал с булочником на языке, который я не поняла. Потом обернулся ко мне и спросил, не хотела бы я вместе с ним поехать к его семье. Это было недалеко от города. Я ещё никогда в жизни не ездила на легковой машине и испытывала это в первый раз. Мне казалось, что мы ехали целую вечность, но мне это было уже безразлично. Неожиданно мы остановились. Вокруг была холмистая местность. Домик мужчины располагался на склоне, и мы должны были подняться по длинной, занесённой снегом, лестнице. Когда дверь открылась, передо мной стояла хорошо одетая женщина и две девочки, немного старше меня. Они испуганно смотрели, кого это их папа притащил. Он провёл меня в красивую комнату и усадил. Потом они посовещались по поводу меня. Мужчина назвал меня по имени и сказал, что они оставят меня у себя, пока я не избавлюсь от чесотки и вшей.

Я была вне себя от радости. Невозможно представить, что во мне происходило. Я больше не хотела никуда возвращаться. Меня купали в большой цинковой ванне несколько раз подряд. После этого мне дали большую ночную рубашку, а все мои вещи, в которых были вши, сожгли. Потом мы вместе поели. А дальше я только помню, что проспала в прекрасной белой кровати, пока, наконец-то, не открыла глаза. Я чувствовала себя в этой семье, как в сказке, и не хотела даже думать о том, что могло бы причинить мне боль. Я совершенно поправилась, но мужчина снова и снова спрашивал меня о моих родителях, братьях и сёстрах. Однажды я всё-таки сказала, что мои мама, братья и сестра живут в Кёнигсберге. С этих пор мужчина постоянно стал мне повторять, что я должна снова вернуться к матери, что моя мама беспокоится обо мне, и я должна это понять. Они настояли на том, чтобы я взяла много продуктов, и дали рюкзак, в котором я могла бы всё это унести. За месяц я хорошо отдохнула и, почувствовав прилив сил, решилась вернуться.

Домой

И вот наступил день моего отъезда. Хозяева собрали мне в дорогу всё необходимое для моих родных. Я поехала с учителем на вокзал Каунаса. Он точно знал, когда отправляются поезда. Уже вечерело. Он переговорил с несколькими русскими солдатами. Те подошли ко мне, подняли меня с ценным рюкзаком в купе, и через некоторое время поезд тронулся в направлении Кёнигсберга. Поезд тащился очень медленно, и меня вдруг охватил огромный страх, что, возможно, моих матери, братьев и сестры я уже не застану, что они умерли с голоду. Я ещё немножко поплакала, не зная, что меня ожидает. Это заметили русские солдаты и спросили, куда я еду. Я ответила: «К моей маме в Кёнигсберг». И они оставили меня в покое. Я только постоянно не выпускала из виду свой рюкзак, набитый салом, хлебом, мукой, сахаром и солью. На мне было пальто, свитер, юбка, нижнее бельё, вязаные чулки, ботинки. Всё это я получила в подарок от этих добрых людей в Литве. И теперь мне стало страшно, что всё это могут отобрать беспризорники, когда я приеду в Кёнигсберг.

Уже рассвело, когда поезд прибыл на сортировочную станцию Кёнигсберга. Я попросила одного русского солдата немножко проводить меня с вокзала, чтобы никто не мог стащить мой рюкзак. Это был уже немолодой солдат, и он помог мне донести рюкзак, видя, как я неловко тащила его. Я была всё же исхудавшим ребёнком. Он вывел меня из района, где сновали попрошайки, и я направилась к полусгоревшему дому, где до моего побега я оставила мать. Я очень надеялась их найти и даже гордилась тем, как у меня всё хорошо получилось, и я смогла привезти им немного еды. Казалось, что я привезла мешок золота. Я пришла туда, где и оставила их. Сначала я обрадовалась, но потом переживала что-то среднее между страхом и радостью. Все они были очень больны и не могли передвигаться от невыносимого изнеможения и голода. Когда я увидела эту нужду, мне стало так же тяжко, как и раньше. Моя мать не высказала радости, хотя она не видела меня целый месяц. Она только спросила: «Улла, где ты была? Мы уже думали, что ты погибла». – Я сказала: «Мамочка, я была в Литве и привезла вам много продуктов.»

Мои братья и сестра вообще не отреагировали на моё появление. Они только, как волчата, накинулись на еду. Но моей матери было всё равно, что происходит. Она как-то отстранённо за всем наблюдала. Я этого не могла понять и только взывала к ней:

«Мамочка, ну поешь хоть что-нибудь!» Но она едва прикоснулась к еде, постоянно повторяя, что мы все скоро умрём. Мне стало очень страшно. Я не хотела этого слышать. И я сказала, что снова поеду к той семье в Каунас. Они спасли меня, и я хочу вернуться туда. Я умоляла: «Мамочка, поедем все вместе! Теперь я знаю, как мы туда можем добраться.» Но она от всего отказывалась. Тогда я разозлилась и с досадой сказала: «Тогда я поеду туда одна!» Я была одержима мыслью любым способом спасти свою жизнь. И всё время повторяла маме, что не хочу околеть здесь, как все остальные. Матери всё-таки стало больно это слышать, и через какое-то время она спросила меня: «Ты найдёшь опять эту дорогу?» – «Да, мама, я точно знаю, как нам туда добраться.» Она была совсем слаба и почти не могла уже ходить. А мои братья и сестра уже не вставали. В соседнем помещении жила одна женщина, у которой после изнасилования погибла дочь. Моя мать обратилась к ней с просьбой присмотреть некоторое время за детьми, пока она вместе со мной съездит в Литву. Добавив, что я привезла достаточно еды, которой на это время хватит всем. Женщина ответила: «Фрау Ведигкайт, Вы очень поддержали меня, когда я потеряла дочь. Конечно же, я помогу Вашим детям.»

С матерью из Кёнигсберга в Каунас

В тот же вечер мы отправились в путь. На сортировочной станции я поступила так же, как и в прошлый раз. Я заговорила с одним солдатом, который выглядывал из небольшого окошка товарного вагона, и спросила, не мог бы он спрятать нас в вагоне до Каунаса. Объяснила, что мы хотим привезти что-то поесть для наших родных. Нам повезло. Осмотревшись, солдат сделал знак рукой. Вскарабкавшись на четвереньках в вагон, мы присели на корточки и стали ждать. Я спросила мать: «Мама, почему ты не взяла с собой Герберта, Ганса и Еву?» – «Улла, из этого бы ничего не получилось, они слишком слабы, чтобы это выдержать. Когда через несколько дней мы вернёмся, а они немного окрепнут, мы уедем все вместе. Фрау Нойман о них позаботится, и им хватит той еды, что ты привезла.»

Я стала об этом размышлять и неожиданно зарыдала. Услышав это, русский солдат пригрозил, что если я не перестану, нам придётся высадиться. Я испугалась и притихла, только чтобы нас не выгнали. Мать лишь уставилась в одну точку и не проронила больше ни слова.

Наконец, поезд тронулся, ещё трое русских вскочили в вагон, закрыли дверь, и мы поехали, спрятавшись за каким-то оборудованием. Русский солдат, впустивший нас, сказал, что высадит нас, как только мы приедем в Каунас. Мы не произносили ни слова, боясь, что кто-то из тех троих может нас услышать. Нам было невыносимо трудно всю дорогу сидеть на корточках. Холод пронизывал нас, а стук колёс отдавался во всём теле. Казалось, будто этому не будет конца и края. Меня охватил панический страх, и я подумала про себя: «Только бы поезд остановился в Каунасе». Через несколько часов небо посветлело, и я тихо сказала маме, что мы скоро приедем. Она совсем затихла и ничего не отвечала. Я вдруг опять испугалась, подумав, что у нас может вообще не получится выскочить из поезда. Я опять стала содрогаться от плача. Тогда моя мама обняла меня и тихо прижала моё лицо к своим коленям, только чтобы русские этого не заметили.

Когда же поезд остановился, дверь открыли. Все русские выскочили, а спрятавший нас солдат вернулся и сказал: «Давай, мать, пошли, пошли!» Наши тела так онемели и закоченели, что мы не могли встать. Мы дрожали всем телом и чуть ли не на четвереньках выбрались из вагона. Мы поблагодарили солдата, но чувствовалось, что он был очень рад избавиться от нас. Шатаясь, мы поплелись вдоль железнодорожных путей и долго ещё добирались до вокзала. Но главное, мы были в Каунасе.

Моя мама так ослабла, что сначала ей надо было что-то поесть. Я тут же ушла и в нескольких магазинчиках у вокзала выпросила что-то съедобное. Радостная, я пришла к маме, которая присела на скамейку в здании вокзала, чтобы немножко согреться. Февраль выдался холодным, а здесь кое-где были отапливаемые места. Мы посидели ещё несколько часов и чуть-чуть пришли в себя. Потом, собравшись с силами, побрели по улицам Каунаса. Всё было чужим, к тому же весь город патрулировали русские военные.

Мы решили, что нам нельзя долго оставаться на одном месте, и надо найти район, в котором я была. Каунас – немаленький город, и мне пришлось долго искать. Разные люди пускали нас переночевать, хотя позже мы узнали, что помогать немцам было запрещено.

Днём мы попрошайничали. Это было трудное время, поскольку мама была ещё не совсем здорова. Нам встречались самые разные люди. Некоторые встречали нас дружелюбно, другие с презрением и даже плевками поносили нас: «Вы, нацистские свиньи! Пошли вон!» Я была десятилетним ребёнком и не представляла себе, кто такие нацисты. Было больно это слышать, меня одолевали грустные мысли. Я спрашивала маму, почему люди так злы к нам. Мы же ничего не сделали. Думаю, прошло две или три недели, когда я, наконец, нашла дом, где прошлый раз меня приютили. Когда я появилась там со своей мамой, хозяева так испугались, что не знали, что и сказать. Они меня крепко обняли, обрадовавшись моему возвращению. Моей маме вместо её вшивого тряпья дали чистые вещи. Хозяева приютили нас на пару дней, и нам было так хорошо, что мне совсем не хотелось уходить. Но мама хотела обратно в Кёнигсберг, чтобы забрать детей.

Прочь из города

Гостеприимная семья дала нам с собой ещё продуктов, и хозяин отвёз в Каунас на вокзал. Мы подметили, что там везде были русские военные, которые проверяли всё, что казалось им подозрительным. Уехать с вокзала незамеченными было невозможно. Несколько русских стали следить за нами. Заметив это, мы испугались, что нас могут схватить. Мама сказала, что нам надо исчезнуть, иначе нас могут арестовать или угнать куда-нибудь. Хозяин дома, увидев на вокзале много русских, сразу поспешил уехать. С вокзала мы пошли в город, чтобы снова просить милостыню. На улицах города попрошайничало много немецких детей. Но мы думали только об оставшихся дома детях. Как же мы доберёмся до Кёнигсберга? Ужасным оказалось то, что всё было перекрыто. Чтобы русские, которые заняли теперь всю страну, не схватили нас, мы постоянно должны были быть начеку.

Мы попрошайничали у домов простых местных жителей и пробовали делать это в некоторых магазинах, но там это не всегда получалось, потому что везде сновали русские военные. Мы ещё раз пошли на вокзал, пытаясь уехать, но из этого ничего не вышло. Моя мама совсем замкнулась в себе и молчала.

Нами овладела мысль побыстрее выбраться из города. Но жизнь распорядилась по-другому. Ранней весной быстро начал таять снег, и все улицы оказались под водой. Чтобы не спать на улице, нам пришлось просить людей о ночлеге. Для той холодной и сырой погоды у нас совсем не было подходящей одежды. Пока город не залила вода, мы ночевали в открытых подъездах домов. Нам здорово повезло, что мы вновь встретили семью, которая нас приютила. У них было четверо детей, а глава семьи занимался пошивом традиционных литовских крашеных головных платков и белья. Мы оставались у них около трёх недель и были очень благодарны им, что нас ещё и кормили.

Но моя мать думала только о том, как мы доберёмся до Кёнигсберга. Когда вода спала, мы опять пошли на вокзал, но там по-прежнему всё контролировали русские военные. Когда земля подсохла, мы перебрались в сельскую местность. Там, думали мы, не будет так много русских. Попрошайничая, мы брели от одного деревянного домика к другому. Теперь мы уже не замечали за собой слежки, поэтому почувствовали себя свободнее. Ежедневно мы проходили от десяти до тридцати километров вдоль берегов Мемеля[26], чтобы иметь хоть какой-то ориентир. Каждый день оказываясь в другом месте, мы уже не встречали так много немецких детей-попрошаек. Я думала только о моих братьях и сестре и постоянно спрашивала мать: «Мама, когда же мы поедем назад? Мама, им ведь нужна еда.» Но моя мать вела себя странно и не реагировала на мои вопросы, уставившись в одну точку. От всего этого я была просто в отчаянии. Мы всё дальше отдалялись от города, превратившись в настоящих дорожных попрошаек.

Береги себя!

Чтобы не быть схваченными русскими солдатами, нам приходилось быть очень осторожными. Они день и ночь разъезжали по всей стране. И людям здесь было запрещено принимать у себя немецких детей или женщин. Это наказывалось высылкой в Сибирь. Люди боялись и избегали нас, как только могли. Но, несмотря на это, некоторые пускали нас переночевать, хотя бы на конюшню, в сарай или в свои крохотные жилища. Но в основном мы ночевали в лесах или в полях, в стогах соломы или сена. Днём мы могли идти только через леса и поля. По всей стране в это время литовцы вели партизанскую войну с советской армией[27]. Часто в маленьких деревнях мы оказывались свидетелями ужасных расправ русских солдат с семьями литовцев, которые не разделяли их взгляды. Нередко это происходило из-за доноса своих же, по-другому настроенных, соседей. У литовских партизан на шапках был знак эдельвейса[28], а у русских – красная звезда.

Как-то мы ночевали в одной семье, которая постелила нам на пол солому. Здесь, как и во всех деревянных домах, пол был глиняным. Мы были рады иметь хоть такое пристанище. Но этой ночью случилось ужасное. Нас неожиданно разбудил громкий лай собаки, которая в бешенстве рвалась на своей длинной привязи, и мы, конечно, сразу же подумали о партизанах. Мы с мамой выскочили через крошечное окошко наружу и поползли. Мы даже не успели одеться. Было страшно, что нас здесь могут обнаружить. Как можно тише мы отползли от задней стены дома и спрятались в поле, где оставались лежать до утра и не видели, что происходило в доме. Вернувшись утром, мы увидели на веранде хозяйку дома, склонившуюся в громких рыданиях над своим убитым мужем. Это выглядело ужасно. Русские партизаны[29] искромсали ему всю спину кухонной тёркой и засыпали её солью, при этом заклеив рот, чтобы он не мог кричать. Несчастный был замучен до смерти. Собака лежала подле своего хозяина и всё время скулила. Мы с мамой сели рядом с женщиной, потрясённые этой жестокостью. Моя мама помогла женщине отнести убитого в сарай и положить его на белую скатерть. Затем женщина пошла к соседям, дом которых был не близко. Мы остались присматривать за её маленькими детьми, которые были так испуганы, что могли только жалобно всхлипывать. Вместе с женой убитого пришли ещё одна женщина и двое мужчин. Мы сразу же покинули дом, боясь, что нас могут выдать.

Мы тут же побежали обратно по дороге, по которой пришли несколько дней назад, стараясь выйти из района, который, как мы поняли, контролировался партизанами. Позже мы повернули в сторону Мемеля и шли вдоль реки, где нам изредка попадались рыбацкие домики. Здесь у воды нам было проще укрыться в зарослях кустарника. Иногда нас перевозили на своих лодках рыбаки. В благодарность мы помогали им чистить рыбу, которую они потом коптили. А некоторые и угощали нас ею. Это было для нас как рождественский подарок. Чаще же, как милостыню, мы получали кусок свежеиспечённого хлеба и кружку молока. Это являлось для нас обедом, за что мы были очень-очень благодарны. Хлеб мы ели словно сдобное пирожное. Его пекли по-разному. Часто к нему добавляли картофель. Когда хлеб выпекался в домашних глиняных печах, то, как я часто замечала, для придания лучшего вкуса, его клали на капустные или камышовые листья. При этом у каждой хозяйки был собственный рецепт, и каждый раз вкус хлеба казался особенным.

Если мы оставались у людей на пару дней, то мне часто приходилось помогать по хозяйству. Порой приходилось разбрасывать по полю навоз, вязать снопы, пахать деревянной сохой, ворошить и скирдовать сено, грузить на телеги зерно. Кроме того, я помогала при конных молотилках. Если же их не было, то снопы молотили цепями на расстеленных льняных полотнах или мешках, а потом зерно просеивали через решето. Для одиннадцатилетнего ребёнка это была тяжёлая работа. Но мы всё стойко переносили и были очень рады, что благодаря этому получали что-то поесть. Так, словно бродяги, каждый день мы брели дальше, совершенно не зная, где мы находились, словно животные, потерявшие все ориентиры. Но мы не могли появляться в городах, потому что русские сразу же бы нас схватили и сослали. Куда – никто не знал. Стояло лето, и мы иногда купались в реке Мемель, так как другой возможности помыться у нас не было. Из одежды у нас было только то, что мы носили, и это мы частично крали при случае с бельевых верёвок. Мы раздевались догола, тёрли тело песком и бежали в воду, чтобы всё с себя смыть. Моя мама, которая была очень хорошей пловчихой, иногда плавала в Мемеле. Порой сильное течение относило её к противоположному берегу, а у меня был панический страх, что она может утонуть. Но она каждый раз возвращалась. Иногда через небольшие дамбы, устроенные рыбаками, я добиралась до песчаных отмелей, где собирала яйца в гнёздах чаек. Частенько мы тайком опустошали куриные насесты в сараях, где ночевали. Сырые яйца давали нам силы выжить.

Между тоской, страхом и печалью

Однажды рыбацкая семья позволила нам остаться на несколько дней, и мы, как обычно, ночевали в сарае. Ночью моей маме приснился кошмар, и она жутко кричала во сне. Я по-всякому пыталась её растормошить, но это не помогало. Я побежала к рыбаку, постучала в дверь и попросила помочь мне. Моя мать почти обессилела от крика, и мужчина сильно ударил её по лицу. Она пришла в себя, побледнела и в изнеможении уткнулась в сено. Утром она лежала как мёртвая и не могла встать. Лишь ближе к вечеру она пришла в дом и рассказала, что ей привиделось. Это был страшный сон о её детях, оставленных в Кёнигсберге. Я была этим так потрясена, что стала говорить маме: «Мамочка, давай вернёмся в Каунас и ещё раз попробуем уехать с вокзала.»

Мы брели и брели, одному Богу известными тропами, но не в направлении Каунаса, а всё время кружили по одному и тому же месту. Часто мы оказывались там, где уже были. Но однажды мы всё-таки пошли по направлению к Кёнигсбергу и стали встречать очень много детей-попрошаек, родом из Восточной Пруссии, ставших сиротами.

В один из дней мы вдруг встретили тётю Лизу, сестру моего отца. Незадолго до этого она была в Кёнигсберге. Ей удалось оттуда выбраться после того, как двое её детей умерли от голода. Они, как и многие другие, были закопаны в братской могиле. Тётя Лиза была в состоянии нервного и физического истощения. Теперь она просила милостыню лишь, чтобы выжить самой. Она рассказала моей маме, что ей не нужно добираться до Каунаса, поскольку она вроде бы точно знала, что мои братья Герберт, Ганс и сестра Ева умерли от голода. Это случилось незадолго до её ухода из Кёнигсберга. И никому неведомо, где они погребены. Фрау Нойман, которая за ними присматривала, тоже, по-видимому, умерла. Это, по её словам, поведали жильцы того дома, где мы оставили моих братьев и сестру. Мир рухнул для моей матери. Она непрерывно кричала моей тёте, повторяя: «Лиза, этого не может быть. Скажи мне, это правда?!» – «Я это знаю совершенно точно, Аста. Ты должна мне верить.» Во мне всё оборвалось, я могла только плакать. Целыми днями, снова и снова. Я никак не могла осознать, что больше никогда не увижу своих братьев и сестру. Неожиданно я почувствовала неприязнь к собственной матери. Я сказала: «Мама, почему ты оставила их в Кёнигсберге?» Я не могла этого постичь, мне кажется, что во мне тогда тоже что-то умерло. Не было никакой воли к жизни, меня сковала депрессия. Моя тётя это почувствовала и какое-то время оставалась ещё вместе с нами.

Вынужденные попрошайничать, мы опять пошли вглубь страны. Душа моей мамы, похоже, стала больна. Она уже совсем не говорила о детях. Так мы и ковыляли по этой земле. Каждый день – в другом месте. Однажды тёте пришлось оставить нас из-за болезни. Нам очень повезло, что семья, у которой мы в очередной раз просили поесть, решилась оставить тётю Лизу у себя, пока она не поправится. Мы же вдвоём должны были идти дальше.

Отшельники

Как-то мы набрели на лесную опушку, где увидели ветхий домишко. Когда мы вошли внутрь, то заметили, что в нём никто не жил, но покинули его совсем недавно. Всё было на своих местах, и даже корова, две овцы и поросёнок были в своих загонах. При нашем появлении они даже не пошевелились. У них не было ни еды, ни пойла. Мама сказала, что здесь, наверное, побывали партизаны и угнали всю семью. Кто знает, куда. Сначала мы попытались выгнать животных на луг, чтобы они попаслись. С коровой мы такое проделать не смогли, и я зачерпнула ей воды из колодца. Воду можно было зачерпнуть деревянной жердью с ведром. Я принесла его в хлев и дала попить лежащей корове. Она одним глотком опорожнила его. В одно мгновенье целое ведро стало пустым. Моя мама принесла ей свежесорванной травы. Она съела её, и через какое-то время мы вывели её на луг перед домом. Затем мы привязали животных, чтобы они спокойно могли пастись. Так мы их спасли от гибели. Мы с мамой оставались там несколько дней. Но опасаясь партизан, ночи мы проводили в лесу. В этом доме мы нашли одеяла, которыми могли укрываться.

На третий день мы страшно испугались, когда неожиданно пришёл мужчина. Это был сосед. Сначала он не заметил, что хозяев дома не было. Он просто увидел животных, пасущихся на лугу, и зашёл узнать, что случилось. Мужчина был приветлив с нами и посчитал, что мы могли бы на некоторое время остаться в доме. Но нам следовало быть осторожными из-за русских патрулей, которые постоянно прочёсывали местность. Мы нашли в доме еду, а молоко приносили от соседа. Однажды, когда мы к нему зашли, одна его корова отелилась, но телёнок оказался мёртв. Мужчина предложил нам его, если нам это не претит, сказав, что мясо съедобно, но его нужно тщательно выварить. Мама помогла снять шкуру, а он освежевал тушку, вынув внутренности. Мы принесли домой ведро с разрубленными кусочками мяса, а потом выварили их в солёной воде. Это было для нас настоящее пиршество, потому что мы уже даже позабыли вкус мяса.

Когда мы опять увидели, что кто-то направлялся к нашему дому, мы снова перепугались, не зная, что нас опять ожидает. Это была девушка 17 или 18 лет из Восточной Пруссии. Она была до крайности истощена и с трудом передвигалась. Девушка очень обрадовалась, что встретила немцев. У неё были ещё две сестры-беженки, которые по пути в Литву умерли от голода, так и оставшись в придорожных канавах. Родители тоже погибли, мать – в результате изнасилования, а отец был убит на войне. Она выглядела сильно подавленной. Моя мама сказала, что мы нашли в этом доме достаточно еды: муку и картофель, а молоко брали у соседей. Мы провели там ещё несколько дней. Но ночевали, как всегда, в лесу.

Но потом пришёл сосед-литовец и посоветовал нам уйти. Так было бы лучше для нас, сказал он. Мы взяли с собой ещё еды и побрели дальше. Мы были рады, что нам удалось провести там почти две недели. Наши вещи мы смогли привести в порядок, выстирав их хозяйственным мылом. И сами отмылись с головы до ног. Только вши, причинявшие нам немало страданий, всё-таки остались. По всему телу у нас были укусы, которые мы расчёсывали до нестерпимо зудевших гнойников.

Всё дальше и дальше

Некоторое время мы шли втроём. Дней через десять мы опять разделились, потому что троим нам уже никто не давал поесть, и пускать нас на ночлег для людей тоже было опасно. Эту девушку мы уже никогда не видели.

И вновь каждый день мы с мамой шли всё дальше и дальше, не представляя, что нас ждёт впереди. Мы не знали, был ли это будний день или воскресенье. Мы замечали это лишь тогда, когда литовцы шли в церкви, в которых всегда было много верующих. Литовцы – очень набожный народ. В каждом домике, в каком-нибудь укромном месте был небольшой алтарь, где люди как минимум трижды в день молились.

Как-то мы были опять в поисках ночлега. День выдался холодным, и я так устала, что валилась с ног. Мы опросили уже много людей, но все отказывали, никто не хотел нас пускать. Все очень боялись русских, которые по ночам обшаривали дома в поисках немцев. Мы были в отчаянии, и я даже не замечала, что уже очень поздно, и я насквозь промёрзла. Мы шли через поле, и в темноте я споткнулась об ограду из колючей проволоки, при этом глубоко поранив обе коленки. У нас не было ничего, чем можно было бы перевязать раны, а уже совсем стемнело. Ночь мы провели в кустарнике на краю елового леса. Я была вся в крови, раны очень болели. Неподалёку виднелся небольшой домик, куда мы направились, чтобы попросить хозяев помочь чем-то перевязать мои раны. Они впустили нас в дом, хозяйка подошла ко мне с бутылкой и открыла её. Мне сразу ударил в лицо резкий неприятный запах. Это был спирт, которым женщина обработала мои кровоточащие колени. От невыносимой боли я сжимала зубы. Потом на скорую руку меня перевязали, за что я была очень благодарна. Хозяева отнеслись к нам по-доброму и позволили остаться у них несколько дней, мы же, в свою очередь, помогали им копать в поле картошку.

Дня через четыре мы были вынуждены идти дальше, хотя у меня ещё очень сильно болели коленки. Становилось всё холоднее, а у нас совсем не было тёплой одежды для этого времени года. Я решилась просто раздобыть её, сказав матери, что нам придётся что-то из одежды стащить. И стала присматриваться, что висит у людей на бельевых верёвках, когда они мылись в бане. Но к этим вещам было не так просто подобраться. Наконец-то мне выдался случай стащить для нас с мамой нижнее белье с верёвки. На ногах у нас были обмотки, обёрнутые невыделанными шкурками. Иногда мы подкладывали туда и бумагу, благодаря чему ногам было теплее. Однажды нам встретились фруктовые сады, обилие фруктов в которых задержало нас на какое-то время. Поблизости мы нашли пристанище. Это был довольно крепкий шалаш на лугу рядом с лесной опушкой. Здесь мы остановились на некоторое время и впервые за долгое время до отвала наелись яблок и груш. Поблизости располагалось несколько домишек, и я пошла туда побираться. Люди дали мне немного хлеба и несколько картофелин. Мы испекли картофель на костре, и на какое-то время мы почувствовали себя умиротворёнными. Но это чувство быстро прошло. Мы должны были всё время двигаться дальше, нигде не задерживаясь подолгу. Как-то на пути нам повстречалась поляна с расставленными на ней разного размера ульями. Хозяин пасеки приютил нас на несколько дней, а мы выкапывали для него свёклу, складывали её в плетёные корзины и грузили на повозки. Для меня это была довольно тяжёлая работа, но мы её выполняли, чтобы отработать ночлег. Спали мы в коровнике. Ночью в нём было очень тепло и уютно. Когда мы на третий день снова пошли на поле убирать свёклу, на меня набросился пчелиный рой. Пчёлы искусали всё мое лицо и даже тело. Я визжала от боли и скакала, не находя себе места. Моё лицо от укусов исказилось до неузнаваемости. Хозяин накладывал мне на лицо всевозможные холодные компрессы, но это нисколько не помогало. Выглядела я ужасно.

Когда через несколько дней мы пошли дальше, я заглянула в один дом, чтобы что-нибудь попросить. Там я увидела стоящий в углу открытый сундук. В нём лежало много кожаной обуви. Я схватила одну пару, которая, как показалось, могла подойти мне по размеру, и только тут заметила, что в гостиной на старой деревянной лавке спал старик. Недолго думая, я стремглав выскочила из дома. Неподалёку от домика моя мама разговаривала с какой-то женщиной. Окольной дорогой я добралась до свекольного поля, где подождала мать. Когда она появилась, я наконец-то примерила украденную обувку. Ботинки оказались мне великоваты, но это было неважно. Я оторвала куски ткани от своих обмоток и набила их в носки ботинок. Отныне ноги мои уже не промокали.

Через Литву

Как-то моей маме удалось выпросить пару деревянных башмаков. Почти все люди носили там такие, и многие делали их сами. Мужчины садились часто кружком и вырезали из дерева разные вещи. Таким образом делались ботинки, деревянные ложки и миски. Женщины и девушки делали пряжу из шерсти и льна. Потом изготавливали разные вещи, шили, вязали красивые «норвежские» свитера. Я за этим наблюдала, и мне тоже захотелось этому научиться. Многие давали мне такую возможность. С огромным удовольствием я сидела за прялкой. Овечью шерсть прясти очень легко, потому что она клейкая. А вот прясть лён мне не очень нравилось, потому что льняные волокна были жёсткими и резали пальцы. Я выполняла все работы, которые давали. Но мама мне в этом не была помощницей.

Литовский язык я тоже выучила очень быстро, а маме он давался нелегко, и поэтому у неё были трудности в общении. Какое-то время я говорила немного и по-русски, и очень хорошо по-литовски. Хотя самим литовцам порой приходилось украдкой говорить на родном языке. Нам рассказывали, что вышел приказ учить русский как официальный и говорить только на нём[30]. Но литовцы не отказались от своей строгой католической веры и всегда ходили в церковь, если имели такую возможность. В тёплые дни они ходили босиком, чтобы сохранить обувь, которая была у них одной единственной парой. И только перед входом в церковь они обувались. Было очень много бедных людей. В каждой небольшой семье, имевшей козу или корову, был сепаратор, чтобы отделять пахту от сливок, из которых потом делали сметану и масло. Я часто сама крутила маслобойку, при этом пользуясь при случае возможностью положить себе в рот кусочек ещё не до конца взбитого масла. Было очень вкусно. Литовцы готовили много блюд из картофеля. Они пекли также картофельный хлеб и вкусные картофельные пироги. Я часто видела, как люди сами выжимали масло из мака и льна, а полученный после этого жмых разводили в молочном пойле телятам как питательную добавку. Телятам это нравилось.

Люди находились во всех отношениях на самообеспечении. Я даже не знаю, откуда у меня появился интерес к их сельскому быту, но мама от этого отгородилась. Большинство людей были настолько бедны, что ничем не могли нам помочь. Их обирали и русские, и партизаны, они вынуждены были отдавать всё, что имели. Обычно русские всё забирали ночью, я знала это ещё по Кёнигсбергу.

Как-то мы пришли к одной семье, которая спросила нас, не хотим ли мы несколько дней поработать в поле. Мы, конечно же, с радостью согласились. Я должна была целыми днями разбрасывать навоз, который крестьяне до этого вывезли в поле. Моя мать с женой хозяина подбирала картофель, который крестьянин выкопал до этого деревянным плугом. В воскресенье мы вместе с ними поехали на небольшой коляске в церковь. Так как лошадей у них не было, в неё запрягали корову.

Дитя Божье

Приблизительно через полчаса мы увидели лежащего в придорожной канаве ребёнка. Мы все вышли из коляски и обнаружили, что это была немецкая девочка-попрошайка. Выглядела она ужасно, совершенно обессиленной; на вид ей было лет пять-шесть. Жена нашего хозяина с моей мамой осторожно взяли ребёнка, устроили в коляске, и мы сразу же поехали обратно домой. Мама сказала хозяйке, которая немного говорила по-немецки, что сначала надо нагреть воды и отмыть бедную малышку. Всё её тело было покрыто струпьями и вшами. В этот момент я подумала о своём брате Герберте.

Вместе мы быстро приступили к делу. Хозяйка поставила в комнате цинковую ванну, а моя мама положила малышку в воду, чтобы отмочить грязь. Огромная масса вшей плавала вокруг маленького тела, их не становилось меньше даже после смены воды. Моя мама взяла ножницы и состригла девочке свалявшиеся волосы. Вся голова была сплошь покрыта струпьями, под которыми сидели вши. Девочка лежала в ванне совершенно измождённая и не говорила ни слова. Мы спросили её имя и откуда она пришла, но она не могла этого сказать. Хозяйку так потряс вид ребёнка, что она, не переставая, плакала. Мужчина взял все вещи девочки, облил их спиртом и сжёг во дворе.

Более или менее отмыв девочку, мы положили её на сухое полотенце. После того, как женщина смазала её тело кремом, девочка почувствовала себя заново родившейся. Есть она ничего не стала, только с огромным удовольствием пила молоко. Женщина положила «безымянную» девочку в тёплую постель, и та моментально заснула.

День этот стал для нас очень напряжённым, мы не могли осмыслить, как ребёнок мог всё это пережить. Мы были безмерно счастливы, что вернули малышку к жизни. Ведь это была случайность, что мы, проезжая мимо, заметили её, так как дороги эти были просёлочными и малолюдными, а машин, за исключением русских военных, здесь не было вообще.

На следующее утро девочка проснулась и была очень боязлива. Хозяйка с мамой одели девочку в одежду того размера, которая была у женщины. На теле у неё опять оказались вши, которые выползли из-под струпьев на голове. Спустя неделю девочка заговорила, и мы узнали, что у неё был брат, который оставил её в той канаве, поскольку она не могла идти. Их родители умерли от голода в Кёнигсберге, и одна женщина сначала взяла их с собой в Литву, но потом бросила и пошла дальше одна. У меня в глазах стояли слёзы. Во мне всё перевернулось, я сразу зарыдала, подумав о своих братьях и сестре. Моя мать спрашивала, что случилось, но я молчала.

Девочка быстро поправилась, и хозяйка сказала, что нам надо идти дальше, потому что еды у неё для всех нас недостаточно, и оставлять нас дольше просто опасно. Но мы очень радовались, что малышку она оставила в своей семье и, конечно же, даст ей имя. Мы с мамой поблагодарили хозяев за их сердечность и снова пошли дальше.

Повседневная драма

Наши каждодневные мучения продолжались, мы всё время выпрашивали еду и ночлег. Становилось всё холоднее, а дни короче. Если было возможно, мы останавливались в сараях. Это было для нас более-менее сносно, только приходилось остерегаться, чтобы не учуяли дворовые собаки. Опасаясь быть покусанными, мы пробирались задворками. Встречались люди, которые, застав нас в своих сараях, выгоняли прочь. Но чаще были такие, которые пускали нас ночевать в хлеву. Ночевать в таких местах нам нравилось больше всего; от животных исходило много тепла, и мы себя очень уютно чувствовали. На зиму крестьяне уже не вывозили из хлева навоз, и он оставался там до весны. Каждый день сверху добавлялась свежая солома, благодаря чему у животных была тёплая подстилка.

Спустя какое-то время я сказала маме: «Что же мы будем делать дальше? Каждый день мы должны тревожиться о пристанище. Что будет, если русские когда-нибудь застукают нас?» Мама сказала, что тогда нас, как и остальных, отправят в Сибирь. Меня же только при одной мысли об этом сразу охватывал панический страх. «Мамочка, тогда я лучше покончу с собой, только не в Россию.»

Я не могла справиться со своими воспоминаниями об ужасах, творившихся в Кёнигсберге. От этих страшных мыслей меня отвлекало только то, что каждый день мы оказывались на новом месте и встречали других людей. Но когда вокруг никого не было, я вновь содрогалась от одолевавших меня картин пережитого. И тут никто не мог мне помочь. Но мама прошлое почти не вспоминала. Мне кажется, в ней тогда умерли все чувства, она словно потеряла рассудок и стала совсем другой. У неё по отношению ко мне исчезли материнские, а у меня к ней – дочерние чувства. Маленьким ребёнком пережив столько ужасов, теперь я чувствовала себя взрослым человеком. Иногда я думала о том, что было бы, если мне одиннадцати- или двенадцатилетней пришлось бы пойти в школу. Я не могла уже ни читать, ни писать, ни считать. Даже своего родного языка я толком не знала. Мы теперь вообще не общались с немцами. Кругом слышалась только литовская речь. В отличие от своей мамы, я стала хорошо говорить на этом языке, поэтому именно мне и приходилось чаще попрошайничать.

Кров за работу

Через несколько недель мы оказались на крестьянском хуторе, хозяева которого предложили нам приют на некоторое время, при условии, что мы ежедневно будем помогать заготавливать дрова. Поскольку становилось всё холоднее, мы, конечно же, очень обрадовались возможности хоть немного пожить в тепле. Нас хорошо приняли. Когда мы с хозяином и его двумя сыновьями отправлялись в лес, то получали в дорогу молоко и хлеб. Каждый день мы ездили на повозке, запряжённой волами. Было ужасно холодно, но мы, стиснув зубы, работали. В этом лесу росли сосны и берёзы, но мы рубили только берёзы. Потом мы с мамой распиливали их двуручной пилой на метровые чурки. Для нас это, конечно, было мучением, но в нашем положении ничего другого не оставалось. Когда вечером мы приезжали домой, то были настолько измотаны, что даже не могли есть суп. Мы шли в коровник и от усталости просто падали. Это продолжалось примерно три недели, но долго мы не могли это выдержать и как-то вечером просто убежали.

Мы стали искать новое пристанище, и одна семья взяла нас к себе. У них было четверо детей, и я страшно обрадовалась возможности разговаривать с детьми по-литовски. Один мальчик был слепым, и он всё хотел обо мне знать: кто я такая и откуда пришла. Я рассказала ему, что я немецкая девочка-попрошайка, чего он никак не мог уразуметь. Его мама объяснила это ещё раз, но такое постичь ребёнку было сложно. Он был примерно моим ровесником. Мы оставались у них ещё неделю и, конечно же, были этому очень рады. Мама помогала женщине со стиркой, а я – на кухне: помогала взбивать масло, раскладывать тесто в формы, выпекать хлеб. Как и в каждом литовском доме, для выпечки хлеба они использовали глиняную печь. Когда хлеб был уже готов, весь дом наполнялся таким вкусным ароматом, что слюнки текли. После того, как хлеб остывал, нам отламывали по краюшке и наливали по полной кружке свежего молока.

В этом доме я чувствовала себя хорошо, и мне стало очень грустно, что в этот холод мы снова были вынуждены брести дальше. Мне ещё очень повезло, что хозяйка подарила мне тёплый ватник, который носили её дети, а также связанные ею чулки и варежки. От избытка радости я бросилась ей на шею, и мы обе разревелись. Я ей сказала, что мы, возможно, будем на следующий год в этих краях и зайдём к ней в гости. Она согласилась, что мы могли бы так сделать; нам, детям, было хорошо друг с другом, а моя мама с этой женщиной очень хорошо друг друга понимали. К тому же её муж чуть-чуть говорил по-немецки. Потом, в Германии, мы с мамой часто вспоминали о них.

В ту зиму нам очень повезло. Многие семьи пускали нас к себе на один-два дня, хотя им приходилось всё время опасаться русских. Из-за нас они могли быть жестоко наказаны. Но зимой русские военные проводили обыски не так уж часто. Порой у нас появлялась счастливая возможность переночевать в одной из церквей, которые были часто открыты. Как мы заметили, зимой тут было немного людей, а русские не появлялись вообще. Зима выдалась очень холодной, а нам было опасно подолгу оставаться на одном месте. Мы стали закалёнными, и никакие простуды нам были не страшны. Горячее молоко, которое мы каждый день выпрашивали, хорошо поддерживало нас.

После нескольких недель наших дальнейших странствий, мы опять оказались около реки Мемель, где нас приютила семья рыбака. Мемель замёрз и покрылся толстым слоем льда. Я по нему ходила и даже устроила настоящий каток. У хозяев было две дочки моего возраста, мы быстро подружились и играли на катке. У них я могла к тому же посидеть в корыте для купания и отпариться. Об этом я раньше могла только мечтать и почувствовала себя королевой. Хозяева были очень добры к нам. Моя мама попробовала научиться ткать, но у неё не получилось. Я же стала это делать с большим удовольствием. Мне даже позволили прясть на прялке овечью шерсть.

Всё это были работы, которыми жители занимались здесь всю зиму. Мне хотелось научиться всему, что они умели; а мама только качала от удивления головой. Я легко запоминала католические молитвы и песни. Им нравилось, что маленькая немецкая нищенка усвоила их жизненный уклад и обычаи. Но опять через несколько дней мы попрощались с этой радушной семьёй и побрели дальше. Мы пообещали, если выживем, заглянуть к ним летом. Хозяйка подарила мне толстый свитер и льняную юбку, а маме – толстую вязаную кофту. В холод это было спасением.

Каждый вечер мы вымаливали пристанище, иначе, оставшись на улице, мы бы просто замёрзли. Люди понимали, в каком положении мы оказались, и давали приют хотя бы в хлеву. День за днём мы испытывали всё те же удары судьбы и пытались просто выживать. Чтобы окончательно не обессилеть, нам постоянно приходилось заботиться о нормальной еде. Зимняя стужа очень осложняла наше передвижение, и мы пытались согреться в лесу, сидя съёжившись в густой чаще или под елями.

Немного солнца

Начиналась весна, днём солнышко уже пригревало, давая нам так необходимое тепло. На полях стали появляться крестьяне, которые начали постепенно обрабатывать свои небольшие пашни. Мы видели, как люди направлялись в березняки и высматривали определённые деревья, чтобы вставить в ствол трубочки. Там уже заранее просверливались отверстия ручными дрелями. Из них берёзовый сок стекал в подставленные ёмкости. Когда они наполнялись, сок приносили домой и заполняли им деревянные бочонки. Потом сок смешивался с древесной золой из печей. Какое-то время эта смесь настаивалась, после чего получалась зернистая щелочная масса, пригодная для мытья рук. Из простых средств готовилось самое необходимое в хозяйстве. Нужда заставляет быть изобретательным.

Теперь люди опять с удовольствием принимали нас, а мы помогали им выполнять многие полевые работы. Обычно мы чистили коровники и разбрасывали навоз по пашне. После чего он запахивался деревянной сохой, которую тянули волы или лошади. Ещё мы сажали в лунки картофель, который потом прикапывали. Для меня это была тяжёлая работа: приходилось постоянно волочить за собой неподъёмную плетёную ивовую корзину, наполненную картофелем для посадки. Но при работах на поле нам приходилось быть настороже, чтобы не быть схваченными. Русские рыскали вдоль и поперёк, хоть и опасались затаившихся партизан. Нам приходилось остерегаться и литовцев, которые симпатизировали русским. Тогда бы мы уж точно пропали.

Порой мы замечали, что ходили по кругу. У нас не было часов, мы брели словно потерянные дети и не чувствовали времени. Нашими часами было солнце, по которому мы ориентировались. Чаще мы держались поближе к лесу, где при первой же опасности могли быстро скрыться. Теперь, ближе к лету, мы встречали много партизан, и у нас даже появилось ощущение, что их стало ещё больше. Они устраивали свои убежища в землянках, под пологом леса. Если мы иногда встречали кого-то из них на опушке леса, они просили их не выдавать, неважно – кому. Мы сами очень боялись и никому об этом не говорили. Все литовцы опасались ночных нашествий русских и всё больше искали защиты у партизан. С обеих сторон проявлялось зверство. Но наши чувства словно притупились. Нас уже не трогало, когда мы невольно становились свидетелями этих зверств и видели трупы.

Пришла пора собирать урожай и обрабатывать поля. Происходило это со смешанным чувством, поскольку людей никогда не оставлял страх. Порой люди спрашивали нас, не хотели бы мы помочь им заготавливать сено или окучивать картофель. И мы радовались любой возможности хоть на пару дней получить приют.

Для нас настала хорошая пора. Было тепло, и мы могли ночевать под открытым небом, зарываясь в маленьких копнах сена на лугах. Но лучше всего мы чувствовали себя в густых тёмных зарослях ельника, где нас не видели ни русские, ни партизаны. Так мы вдоль и поперёк исходили почти всю Литву, и везде нам попадались беспризорные немецкие дети, предоставленные сами себе. Люди прозвали нас голодными волчатами из Восточной Пруссии, и они были правы. Ничего другого мы из себя и не представляли.

Вечно по кругу?

Неожиданно наступила осень, и у нас всё вытеснили ужасные мысли о приближающейся зиме. Мы с мамой повернули к Мемелю. Неделя за неделей мы брели к нему и, добравшись, наконец-то смогли помыться. Мы переходили от одного рыбацкого домика к другому, просили что-нибудь поесть и время от времени получали копчёную рыбу. Рыбаки на своих маленьких лодках выходили на реку каждый день. Они ставили сети и небольшие верши. Однажды, к моей радости, рыбаки взяли меня ловить рыбу. Раньше я помогала дяде Карлу, когда он выходил на лодке в гавань, чтобы подбирать там уголь, который терялся при погрузке на баржи.

До поздней осени мы оставались недалеко от реки и так перебивались. Как-то почти на две недели мы смогли остаться в одной рыбацкой семье, чтобы плести им лукошки, которые они хотели продавать в Каунасе, куда я потом вместе с ними поехала. На лодке мы доплыли до парохода, который остановился на середине Мемеля. Колёсный пароход не мог пришвартоваться к берегу, потому что там было много песчаных отмелей. Для меня это было приключение, которым я в полной мере насладилась. Мы взяли с собой несколько корзин и немного копчёной рыбы. Всё это мы обменяли на соль, которая была тогда на вес золота. Люди постоянно старались что-нибудь достать.

Потом мы опять оказались предоставленными самим себе и беззащитными. Изо дня в день брели по округе и спрашивали себя, когда же всё это закончится. Нам, в сущности, было хуже, чем животным, которых теперь, когда становилось всё холоднее, по вечерам загоняли в хлев. А у нас не было никакого пристанища. От этой мысли мне иногда становилось так горестно, что уже просто не хотелось жить. Иногда я останавливалась и спрашивала маму: «Мамочка, почему мы должны всё это терпеть? Я же ничего не сделала. Почему все люди в Кёнигсберге должны умирать с голоду и замерзать?» Моя мама ничего не могла мне ответить, и мы просто плакали.

Мне было по-настоящему страшно, потому что опять наступала холодная зима, а мы не знали, переживём ли её. Чтобы не быть жестоко наказанными, литовцы больше не решались брать к себе немцев. Их страшила отправка в Сибирь. Мы снова направились вглубь страны, ища спасение в лесах. На убранных полях мы иногда находили немного картошки, которую пекли на костре. Это было лакомством. Фруктов было немного, редко, когда попадались яблони или груши. Я радовалась, если где-нибудь на лугу паслась корова. Я мчалась к ней и нацеживала полную кружку молока. Если же ей это не нравилось, она брыкались задними копытами, а я удирала. Моя мама даже не пыталась приблизиться к ним.

В литовских хозяйствах пришло время забивать свиней, и мы радовались, если нам доставалась кружка бульона или кусочек сала. Но это случалось крайне редко.

Стало темнеть раньше. Мы брели к домам, где замечали свет, в надежде получить приют на ночь. Чаще нам отказывали, потому что люди боялись. Но, по-видимому, мы выглядели такими жалкими, что некоторые всё же пускали нас в хлев или сарай. Но чаще всё-таки приходилось ночевать в ельниках, крепко прижавшись друг к другу. С рассветом мы вставали, оцепеневшие от холода, и долго прыгали, чтобы согреться. Ко всему прочему, у нас не было тёплой одежды, и мы снова пытались найти себе что-то для холодных зимних дней, ради чего даже крали вещи с бельевых верёвок.

Однажды какой-то мужчина на улице обратился к моей маме. Она не поняла, что он спрашивал. Я сказала маме, что он предлагает нам пойти к нему. Мы осторожно ответили «нет», но у меня появилось неприятное ощущение от этой встречи. Я испугалась и сказала: «Мамочка, бежим дальше. Нельзя, чтобы он шёл за нами.» Мы как можно скорее пошли прочь, а потом даже побежали. В одном из домов мы попросились на ночлег, и рассказав, что с нами произошло, мы ещё больше испугались. Хозяйка, которая была, наверное, чуть старше моей мамы, сказала, что это был, по-видимому, русский, который хотел нас куда-нибудь утащить, чтобы изнасиловать мою маму. Она слышала, что в последнее время угнали и обесчестили несколько литовских женщин. Все люди боялись ночных налётов русских солдат. Этот район показался нам опасным, и на следующий же день мы ушли оттуда. После этого случая, если кого-то замечали, мы всегда пытались спрятаться. К счастью, с нами ничего не случилось.

В чём мы провинились?

Как-то вечером мы встретили немецкую девочку-попрошайку примерно моего возраста, которая уже почти совсем забыла немецкий. Мы разговаривали на русском, который она знала лучше литовского. Она сказала, что бредёт совсем одна. Её мать была изнасилована русскими солдатами и после этого умерла. Её отец воевал, а она несколько месяцев назад сбежала из Кёнигсберга.

Вскоре мы расстались, и девочка пошла своей дорогой. Позже я спросила маму, почему мы не предложили ей пойти с нами. «Это было бы опасно для всех. Нас бы тогда никто больше не принял». Мы опять думали о ночлеге, потому что стало совсем холодно. Я переживала за эту девочку. Где она сможет найти приют на ночь?

Заметив невдалеке мерцающий огонёк, мы направились к нему. Собака на длинной цепи учуяла нас и залаяла как бешеная. Послышался мужской голос. Я сказала, что мы немцы и молим о ночлеге. Хозяин, немного подумав, пригласил нас войти. Мы оказались в маленьком деревянном домике, где увидели четверых детей, женщину и бабушку с дедушкой. Они спросили, откуда мы идём, и дали нам поесть. Нам снова повезло с ночёвкой. Дети забрались спать на высокую глиняную печь, а бабушка с дедушкой устроились рядом в небольшом чуланчике. Хозяин с хозяйкой достали два взбитых соломенных мешка. На одном они улеглись посередине комнаты сами, а другой положили нам в углу. Мы заснули, не раздеваясь. На следующее утро мужчина разбудил нас очень рано и сказал, что нам надо уходить. Они опасались, что русские в любой момент могли их проверить. В дорогу нам с собой дали кусочек хлеба и немного молока. Мы отправились в путь, заметив, что сильно похолодало.

Через несколько дней на одном пастбище нам попался пастуший шалаш. Так как никаких коров на пастбище не было, мы тут же его заняли. Из близлежащего леса притащили в это пристанище сухой хворост и немного соломы, обустроив себе там ночлег. Днём мы бродили по округе, а вечером тесно прижимались друг к другу в нашем убежище. Главное, что не приходилось лежать под открытым небом. Я постоянно испытывала страх перед партизанами или русскими, которые нас тотчас бы выслали. Как-то мы повстречали семью, которая подарила нам пару вязаных шерстяных носков. Теперь даже в наших деревянных башмаках наши ноги наконец-то не мёрзли. С бельевой верёвки я стащила однажды для мамы зелёную юбку и платок. Она очень этому обрадовалась. А мне как-то подарили вязаный свитер с оленями. Это было что-то! Я не могла об этом и мечтать, в нём было так тепло! Мы оставались в нашем шалаше до первого снега, а потом должны были идти дальше, поскольку в этих краях нам уже ничего не перепадало. Мы так давно здесь попрошайничали, что жители уже не могли нас видеть, когда мы появлялись.

Теперь, когда повсюду лежал снег и пришли холода, для нас и всех остальных попрошаек настало худшее время. Каждый день мы боролись за выживание. В чём мы только провинились? Мы существовали как крысы, в вечных поисках чего-нибудь. Мы и литовцам надоели, некоторые из которых и сами стали скитаться. Жили они небогато. Их постоянно грабили то русские, то партизаны, и война между ними не прекращалась. А почему так происходило, мы не понимали. Об остальном мире мы вообще ничего не знали, как и о том, что творилось за пределами Литвы. Да и было ли ещё что-то на свете, кроме Литвы? Для нас не было ни лет, ни месяцев, ни дней. Мы потеряли чувство времени, из людей превратившись в волчат, которые рыскали повсюду. Иногда я говорила маме: «Мамочка, что только с нами будет? Я не умею ни читать, ни писать, ни считать и не могу уже правильно говорить по-немецки. – «Я тоже не знаю, когда это закончится. Хоть околеть бы нам всем, чтобы всего этого больше не видеть». Плача, мы шли дальше. Казалось, были уже без сил, но поднимались и шли дальше.

Бредя, мы стали замечать, что на дорогах стало больше грузовиков с русскими солдатами. Мама постоянно повторяла, что они что-то замышляют против литовцев. А потом нам рассказали, что во многих семьях забрали мужчин, и никто не знал, куда их угнали. Нам стало страшно. Мы уже не знали, куда идти. Проходя мимо одного леса, мы обнаружили, что там скрывались партизаны. Они обратились к нам, спросив, откуда мы идём, кто мы, и много ли русских мы видели в последние дни. Они посоветовали нам исчезнуть из этих краёв, сказав, что из-за предстоящих боёв нам здесь будет опасно. Мы послушались их совета и поторопились уйти подальше. К вечеру мы так обессилели, что еле двигались.

Мы дотащились до какого-то деревянного домика и спросили о ночлеге. Пожилая супружеская пара отвела нас в небольшой хлев. Внутри было три свиньи и две овцы. Счастливые, что нам достался хоть такой приют, мы устроились спать в углу. С животными было очень уютно. Так нам больше всего нравилось ночевать зимой.

От них исходило много тепла. Если же у хозяев были ещё корова или коза, то нам доставалось и молоко. Я просто захватывала ртом сосок вымени и пила тёплое молоко. Радовались мы и куриному насесту. Мы тут же разбивали яйца и свежими выпивали. Это давало нам много сил. Я не припомню, чтобы мы когда-нибудь искали врача. Всё выдерживали.

У людей, в этот раз давших нам приют, мы остались на несколько дней, но в дом нас не пустили, опасаясь доносов. Весь день мы находились в хлеву, помогая вычищать его и раскладывать солому. Бóльшую часть времени мы спали и отлёживались перед теми днями, когда предстояло ходить по холоду. Хозяйка дала моей маме толстую куртку и свитер, осчастливив её таким великолепным подарком, а мне – пару вязаных варежек, благодаря которым мои руки теперь были в тепле, и мне стали не страшны трескучие морозы. До этого, когда руки замерзали, я их просто растирала снегом, отчего невыносимо болели пальцы. Уходить от гостеприимных хозяев нам, как всегда, было очень грустно, но мы с этим уже смирились.

Однажды в одном селении, видимо, это было воскресным днём, потому что люди шли или ехали в церковь на запряжённых лошадьми санях, мы заметили, что церковные двери открыты. Мы осторожно вошли внутрь и присели в уголке. Нас никто не заметил. Мама решила, что несколько часов мы могли бы здесь остаться. Ближе к вечеру в церковь пришёл пастор, и мы на четвереньках потихоньку выбрались оттуда.

Наконец-то пристанище

Нас не щадили трескучие морозы. Мы брели в неизвестность, и снег хрустел под ногами. Как-то мы оказались в селении, где увидели ветряную мельницу, а в отдалении – четыре деревянных домика. Не раздумывая, мы пошли туда, чтобы попросить что-нибудь поесть. Семья приняла нас в единственной большой комнате и накормила горячим обедом. Но перед этим мы должны были вместе со всеми помолиться на литовском. Накормив, люди попросили нас уйти. Мне захотелось поближе увидеть ветряную мельницу.

Когда мы туда подошли, навстречу вышел мельник и спросил, куда мы идём. Мы рассказали, что давно скитаемся и уже не можем постоянно быть на улице и терпеть эти холода. Он выразил нам сочувствие и пригласил внутрь мельницы. Потом мужчина вышел, и мы остались одни. Испугавшись, мы даже хотели уйти, но вскоре он появился вместе с женщиной. Они были очень приветливы, и мы доверились им. У моей мамы спросили, не хотела бы она оставить меня у них. Оторопев от неожиданности, мама не могла вымолвить ни слова. Я же была в восторге от такой возможности и сказала: «Я хочу здесь остаться, мамочка. Оставь меня здесь. Ты ведь сможешь приходить и видеть, как я тут живу. Пожалуйста! Я больше не хочу ходить и клянчить. Я остаюсь здесь!» Не знаю, что со мной произошло, но я приняла твёрдое решение и не хотела уступать. И мама это поняла.

Они пригласили нас в дом. Он состоял из одной большой гостиной, где стояла глиняная печь с лежанкой, на которой можно было спать. Перед гостиной был небольшой коридор, а по бокам от него – ещё две маленькие комнаты с кустарно изготовленной мебелью. Здесь было уютно. Мне позволили всё осмотреть, и хозяин сказал, что маленькая комната – для меня, и мама тоже может пожить здесь несколько дней. С этого момента я не должна была говорить по-немецки, только на литовском или русском. Мне было всё равно. Главное – я могла остаться.

Нежданно-негаданно я обрела пристанище. Я не могла этому поверить. Сначала нас угостили замечательной тёплой едой. Это было очень вкусное картофельное блюдо. Мама спала со мной в комнате на расстеленном на полу соломенном матрасе. Я же, впервые за долгое время, смогла заснуть на прекрасной кровати, которая напомнила мне старое доброе время. Хоть и застелена она была тоже соломенным матрасом, вдобавок мне дали шерстяное одеяло, чтобы укрываться. Но сначала я смогла как следует искупаться с хозяйственным мылом, при этом обнаружила, что всё тело было искусано вшами и покрыто жуткими волдырями от расчёсов. Моя мама тоже смогла по-настоящему вымыться. После этого мы просто забылись в глубоком сне. Ночью меня разбудили какие-то жалобные звуки снаружи. Я очень испугалась и разбудила маму. Она это тоже услышала и сказала, что эти звуки похожи на голоса котят. Она вышла из комнаты, и действительно, за нашей дверью лежали пять новорожденных котят. Мы оставили их там лежать, а на следующее утро я уже любовалась ими. Ещё несколько дней они были слепыми. Каждый день я поила их молоком, которое утром и вечером надаивала от двух коров. Работа в хлеву стала теперь моей обязанностью, и я выполняла её с огромной радостью.

Мама оставалась там со мной еще несколько дней и тоже немного помогала по хозяйству, а потом отправилась попрошайничать одна. Мы попрощались, и поначалу это расставание для меня не было тяжёлым. Мама обещала меня время от времени навещать и проверять, как у меня дела. При этом мне стало как-то спокойно, и даже появилось чувство уверенности в завтрашнем дне. В дорогу хозяйка снабдила мою маму хлебом, салом и молоком. Она подарила ей также пару валенок, вязаную юбку и толстую шаль, чтобы они согревали её в трескучие морозы.

Мои будни

Когда мама уходила, я долго смотрела ей вслед, и мне стало очень грустно. Я убежала в хлев, села в углу и разрыдалась. Мне вдруг вспомнились мои братья и сестра. Я не находила себе места. Не давала покоя мысль, что теперь я совсем одна и у меня никого нет. Мне очень хотелось побежать вслед за матерью, но я взяла себя в руки, подумав, что уж точно умру от голода, когда нам никто не будет давать милостыню на пропитание. Эта мысль меня отрезвила, я встала и пошла в дом к людям. Они заметили, что я плакала. Женщина обняла меня и стала утешать, приговаривая, что она желает мне добра, и я не должна грустить. Но страх так одолел мною, что следующей ночью я не могла спать, постоянно думая, что со мной будет, если останусь здесь.

В первые несколько дней мне было очень тяжело, но со временем я ко всему привыкла, в том числе и к тому, что должна работать. Хозяин почти всегда был на мельнице, а мы с его женой делали всё по дому и в хлеву. Она показывала мне все работы, связанные с домашним хозяйством: как печь хлеб, вязать чулки, ткать, красить шерсть, прясть шерсть и лён и, конечно, убираться в хлеву. Учиться всему этому доставляло мне большое удовольствие. Я должна была даже помогать гнать самогон, а это делалось только по ночам.

Иногда к нам даже заглядывали русские. У сына хозяев были русские приятели, и когда они появлялись, накрывали стол. Русские не заметили, что я немецкая девочка, хозяин же объяснил им, что мы родственники. Я говорила только по-литовски или по-русски, и они этому поверили. Как-то, после нескольких недель моего пребывания здесь, стали резать свинью. Утром её притащили на маленький двор, куда пришёл сосед, чтобы её заколоть. Тушу положили на бок, обожгли соломой и обдали кипятком. После этого соскоблили щетину. Такого пиршества я давно уже не видела и смогла вдоволь наесться мясом. Вкуснее всего был мясной бульон. Потом мясо засолили, чтобы оно дольше хранилось.

Хозяйка пекла очень вкусный картофельный пирог. Его готовили из сырого и отварного картофеля с добавлением шкварок, лука, соли, перца, яиц и сметаны. Запекали его на противне в печи. Иногда для разнообразия это варили в чугунке, в середину которого клали кусок мяса, и ставили на печную плиту. Всё было очень вкусно. Я всегда внимательно наблюдала за приготовлением. Когда я убиралась в комнате, то сначала, чтобы не было много пыли, брала небольшую выдолбленную из дерева миску с водой и брызгала на глиняный пол. Затем я подметала мусор самодельным берёзовым веником. От частых подметаний за многие годы пол стал неровным, и от этого самодельная мебель в комнате сильно покосилась.

В эту холодную пору я часто вспоминала свою маму: смогла ли она найти себе к вечеру пристанище, может быть, она как-нибудь придёт и снова заберёт меня… Но уходить мне не хотелось. Я наконец-то почувствовала себя человеком и не желала знать ничего другого. Но порой ночами мне становилось страшно, что кто-нибудь придёт и заберёт меня отсюда, постоянно чудилось в страшных видениях, как братья и сестра умирали от голода.

От этих мыслей мне с каждым днём становилось всё хуже и хуже. Мне даже не хотелось ничего есть. Окружающие пытались меня хоть как-то приободрить, но это мало помогало. Моя детская душа была травмирована. И люди это заметили. У меня пропало настроение что-либо делать. Но однажды хозяева пригласили к себе несколько соседских девочек. Они принесли с собой прялки и, напевая, стали прясть шерсть. Хозяйка и мне дала прялку, чтобы я пряла вместе с ними. Это занятие мне очень понравилось. К концу этой работы девочки, припевая, стали ещё и танцевать. Мне это казалось немного комичным, поскольку, кружась на неровном глиняном полу в своих деревянных башмачках, они порой спотыкались. Несмотря на это, всем было весело. Так мы подружились, и я стала заходить к ним в гости.

Я уже не замечала, как проходили недели. Время от времени мы ходили в берёзовую рощу, чтобы заготавливать дрова. На весь день мы брали с собой что-нибудь поесть. С сыном хозяев мы распиливали стволы двуручной пилой, и к концу дня я была такой разбитой, что болели все косточки. Через несколько дней мы привезли дрова из леса на телеге, запряжённой лошадью. Затем распилили их на козлах на маленькие чурбаны, после чего уложили в поленницы. Для меня это был тяжкий труд, но я старалась всё выдержать, только бы там остаться. Ежедневное питание уже было огромным счастьем для меня. По воскресеньям меня почти всегда брали с собой в католическую церковь, которая находилась довольно далеко. Литовцы всегда старались собираться там, несмотря на большие сложности из-за проверок русских. Я учила молитвы, ежедневно произносимые за столом. Все литовцы считали это своей обязанностью. Иногда я пробовала что-то писать по-литовски, но у меня это плохо получалось, совсем пропала сноровка письма. Я стала задумываться о своём будущем, о том, что уже совсем разучилась писать. Но в этом и не было острой нужды, для выживания теперь требовалось другое. Мой день был полон насущными заботами, и я была этим даже довольна.

Приближалась весна, и хозяева стали выгонять на луга своих овец. Предварительно их загоняли для дезинфекции в небольшой пруд во дворе. Я же должна была вычистить хлев от навоза, который оставлялся там только в зимнюю пору, когда служил животным обогревом.

Здравствуй и прощай

Прошло несколько недель. Как-то ночью я услышала стук в окно. От страха я боялась пошевелиться. Потом увидела тень, по очертаниям которой узнала маму. Я выпрыгнула из постели, распахнула окно, и заметив, что мама плакала, спросила: «Мамочка, что с тобой?» – «Улла, впусти меня. Я больше не могу.» Я кинулась к хозяйке, постучала в её дверь. Когда она вышла, я сказала, что моя мама стоит на улице и не может больше идти. Мы вышли и забрали её в дом. Она была совершенно обессилена, добралась к нам из последних сил. Сон для нас всех закончился. Потом к нам вышел хозяин. Мама обняла меня и сказала: «Улла, пойдём со мной.» – «Нет, нет!» – закричала я в ужасе. «Я никуда не пойду. И ты тоже можешь остаться на какое-то время.» Тут я взмолилась к хозяевам, чтобы они оставили маму на несколько дней и спрятали её от патрулей. Я разревелась от ужаса, что могу снова оказаться бездомной. Мои добрые хозяева обняли маму и успокоили меня, сказав, что мама могла бы ненадолго остаться, но спать при этом в хлеву. Мы были счастливы.

Мама теперь смогла хотя бы досыта поесть. Я позаботилась, чтобы накормить её всем тем, что ели мы. Но на улицу она не могла даже показываться. Это было бы для нас всех чересчур опасно. Спустя три недели мама совсем поправилась, и хозяин сказал, что она одна или вместе со мной, но должна всё-таки уйти. «Нет, я очень хочу остаться с вами», – твёрдо сказала я.

Нам опять пришлось расстаться с мамой, но всё-таки с какой-то надеждой на скорую встречу. Хозяйка снова дала маме кое-что из одежды, пару новых деревянных башмаков и немного поесть. Я стояла у крыльца и долго махала ей вслед, пока она не скрылась из вида. Меня вновь охватила глубокая тоска. Я упала на свою соломенную кровать и зарыдала. Я снова осталась без мамы. Только спустя неделю я смогла немного успокоиться.

Наступило лето, и мне приходилось много работать в поле. Сено нужно было постоянно ворошить, потом скирдовать и свозить на решётчатой телеге в сарай. Часто хозяйский сын являлся вместе с русскими приятелями, и начиналась пьянка. От страха я убегала в сарай или на мельницу, где часами отсиживалась. Только когда все убирались, я осмеливалась вернуться в дом. Мне было непонятно, почему сюда никогда не наведываются партизаны, если здесь так часто бывают русские. Ко мне же часто приходили знакомые девочки, и мы устраивали перед домом посиделки с песнями. Они при этом рукодельничали, и я к тому времени уже научилась вязать чулки.

На следующий день с соседнего хутора к нам прибежала взволнованная женщина и сообщила, что ночью к ним нагрянули русские, которые забрали её мужа, и он до сих пор не вернулся домой. У неё было трое детей, с которыми теперь она осталась без поддержки. Её муж так больше и не вернулся. В последнее время такое случалось здесь всё чаще, люди просто исчезали ночью. И теперь уже и мельник с женой испугались. Они сказали сыну, чтобы он больше не приводил в дом никаких русских. Меня же не оставляла мысль, где теперь могла быть мама. Может быть, мы больше никогда и не увидимся? Люди, как могли, успокаивали меня и говорили, что мама скоро обязательно навестит меня.

Вскоре собрали весь урожай. В сарае выбивали цепами зерно из снопов. Я тоже всё делала наравне со взрослыми и справлялась с этой тяжёлой работой. Зерно после этого отделялось от плевел на больших вращающихся ситах и ссыпалось в джутовые мешки, которые мельник относил на мельницу. Так на зиму заготавливалась мука для выпечки хлеба. Жена мельника делала вкусные мучные блюда, в основном с мясом. Я сама тоже пробовала научиться готовить, но это было для меня тогда чересчур сложно. Работы, выполняемые мною в хлеву, отнимали у меня столько сил, что ничего другого я уже не могла делать.

Ближе к осени мы стали копать картошку. Для нас всех это было прекрасное время. Мне очень нравилось устраивать на поле костёр и печь картошку.

Я всё время надеялась, что это время никогда не закончится, и меня никогда не заберут отсюда. И всё новое, что могло ещё произойти, меня пугало. Через некоторое время снова начали отлавливать детей-попрошаек, и никто не знал, куда их отправляли. Мне становилось так страшно, что я плакала по ночам и даже пряталась среди животных в хлеву. Никто не мог меня утешить.

Как-то ночью бешено залаяла собака, и я снова испугалась. Мельник вышел из дома, чтобы посмотреть, кто пришёл. Я приоткрыла дверь хлева и в темноте узнала маму, которая плача шла к домику, и сразу поняла, что теперь мне придётся с ней уйти. Мама спросила: «Где моя дочь Улла?» Хозяин впустил её сначала в дом, а через несколько минут привёл меня к ней. Я почувствовала, что хорошие времена для меня закончились. Оказавшись перед матерью, я сказала ей: «Мамочка, я не хочу уходить отсюда. Не хочу снова попрошайничать. Оставь меня здесь.» Мы обе стояли плача, и я почувствовала, насколько чужими мы стали друг для друга. Хозяева ничего не могли сказать. А моя мать повторяла: «Улла, мы должны уходить отсюда. Русские на машинах собирают всех немцев. Я не знаю, куда идти дальше.» Я снова и снова продолжала умолять её: «Оставь меня здесь.» Я не хотела уходить с ней, но всё-таки сдалась.

„Du Germansky?“

Утром мама забрала меня. Никогда раньше я не чувствовала себя такой несчастной. Хозяева дали нам в дорогу продукты на несколько дней. Моей матери хотелось меня утешить, но мои мысли были далеки от неё. У меня не было уже больше никаких чувств, я только гадала, когда же нас поймают. Мы старались идти только полями или просёлочными дорогами, чтобы не быть схваченными. Уже похолодало, мы не могли ночевать в лесу и выпрашивали ночлег. Люди стали бояться пускать нас на ночлег, и я постоянно вспоминала о счастливом времени в той семье. Я снова и снова повторяла матери: «Почему ты не оставила меня там?» – «Улла, так нужно. Мы должны держаться вместе, когда нас будут собирать.» Мне стало всё безразлично.

Через несколько дней мы подошли к какому-то еловому лесопитомнику, чтобы там немножко отдохнуть и поесть выпрошенный перед этим хлеб. Тут мы заметили позади нас грузовик. Солдаты выпрыгнули из него и спросили: „Du Germansky?" Мы поняли, что сейчас произойдёт. Они приказали нам залезть в машину. Под брезентом кузова мы увидели сидящих на корточках и сжавшихся от страха детей. Все они выглядели такими же несчастными, как и мы, никто не произнёс ни слова. Рядом с нами сидели охранники и следили за тем, чтобы никто не выпрыгнул из машины. Нас без остановок очень долго везли. К счастью, с собой у нас было немного хлеба и молока. Под вечер мы приехали в какой-то город, и я узнала, что это Каунас.

Нас привезли на территорию какой-то заброшенной фабрики, где мы увидели много людей, в основном детей, которых разместили в нескольких пустых ангарах. Мы испугались и вопрошающе озирались по сторонам, не представляя, что теперь с нами будет.

Перед одним из ангаров машина остановилась, и два русских охранника высадили нас из неё. Всем приказали построиться. Моя мама была единственной взрослой среди нас. Нас пересчитали и завели в ангар, где уже было много детей и несколько женщин. У них не было кроватей и даже какой-либо возможности где-нибудь присесть. Они все лежали вповалку на голом полу. Было больно смотреть на всё это. Я заплакала и сказала: «Мамочка, я хочу обратно в ту семью.» Мама ответила: «Улла, возврата для нас больше нет. Кто знает, что теперь с нами будет?» Я дрожала от страха всем телом, многие дети тоже плакали. Это было ужасно. Женщины рассказали маме, что они здесь уже несколько дней, и никто не знает, что будет дальше. Словно звери в клетке, мы оставались там еще две или три недели. У нас не было часов, мы потеряли счёт времени, и никто ничего не знал. Мы слышали, что некоторые даже кончали жизнь самоубийством, потому что думали, что нас угонят в Сибирь. Мы пребывали в неизвестности. Каждый день нам давали только жидкий супчик и кусочек хлеба. Не было никакой возможности помыться или сходить в туалет. Оправлялись мы по углам, из-за чего стояла жуткая вонь.

Россия, Польша или Германия?

Однажды вечером нас опять под охраной запихнули в грузовик и повезли под конвоем к товарной станции. Там стоял длинный грузовой состав, в который нас должны были погрузить.

Через некоторое время нас, словно скот, загнали внутрь вагонов. Все дети испуганно плакали, и мы тоже не могли сдержать слёз. Вагон закрыли снаружи, и вскоре поезд тронулся. Моя мама тоже плакала и говорила: «Улла, теперь нас привезут в Россию. Мне страшно за нас.» Все молчали, было очень холодно. Стук колёс отдавался во всём теле. Не было ничего, чем можно было бы укрыться. Мы были ещё живы, но кто знал, сколько мы сможем выдержать. Дорога казалась бесконечной, и от холода никто не мог заснуть. Мы с мамой, впервые за очень долгое время, крепко прижались друг к другу.

От толчка поезда мы насторожились и поднялись. Поезд остановился. Вдруг мы услышали голоса на русском и подумали, что мы в России. Но это было не так. Двери открылись, и нас всех высадили из вагона. Это была большая грузовая станция, где нас ослепил яркий свет ламп. Мы стояли и чего-то ждали.

Наши охранники вели себя как-то неуверенно. Потом появились другие русские с какими-то бумагами в руках. Мы не понимали, что с нами хотят делать. Нас построили в десять рядов, насколько позволяла площадь, и через переводчика стали спрашивать наши имена, возраст и место жительства. Это продолжалось несколько часов. Утром я спросила маму: «Ты знаешь, где мы?» Это был Кёнигсберг, но наши охранники держали нас в неведении, потому что наш путь должен был продолжиться.

Потом нам снова приказали погрузиться в вагоны. Каждому дали по кусочку хлеба и немного воды. Двери закрыли и даже запломбировали. Это мы наблюдали, примкнув к маленьким окошкам наверху. Все подумали, что теперь нас действительно повезут в Россию, где зарегистрируют. Через какое-то время поезд тронулся. Дорога казалась бесконечной. Нас везли так долго, что никто уже не мог сказать, где мы находились. Когда поезд где-то останавливался, вокруг были совсем незнакомые места, и выходить нам не позволяли. Всё было опечатано. По нужде в вагоне использовали жестяные кружки, которые некоторые оставили у себя после того, как нам давали пить. Потом на ходу поезда их опустошали из маленьких окошек. По-другому сделать это было невозможно. Мы лежали вповалку рядом друг с другом, дрожа от холода, голода и жажды. Время было против нас, снова началась борьба за выживание. Последние крохи, которые у нас оставались от скитаний в Литве, мы делили друг с другом. С нами в вагоне была женщина, с которой в пути случился тяжёлый сердечный приступ, и никто не мог ей помочь. Все растерялись. Через какое-то время женщина немного пришла в себя и лежала обессиленная на голых досках. Не было ничего, чем её можно было бы укрыть или согреть.

Дня через четыре мы где-то остановились и увидели полустанок с бесчисленным количеством железнодорожных путей. Невдалеке виднелись сады, к которым сразу приковалось наше внимание. Овощи на грядках мы тоже приметили и теперь думали только о том, как бы их добыть. Вдруг послышались голоса, звучащие не по-русски. Моя мама сказала, что это, видимо, поляки. Они открыли запечатанные двери, и все люди, как животные, бросились через пути в сады. Перелезали через заборы, которые при этом даже повалили, лишь бы добраться до капусты, моркови и всего съедобного. За железнодорожными путями я заметила дом, к которому побежала что-нибудь выпросить. Там я бросилась к первой попавшейся квартире и забарабанила в дверь. Мне открыла женщина, которую я спросила по-литовски, не могла бы она дать мне что-нибудь поесть. Она сразу впустила меня в дом и налила мне полную тарелку супа. Я её с жадностью съела и вскочила, чтобы бежать обратно. Женщина успела вложить мне в руку пятизлотовую купюру, и тут я услышала гудок локомотива. Я, как могла, быстро бросилась обратно к поезду, споткнувшись при этом на путях и разбив левую коленку. Я испугалась, что поезд может отправиться, а я останусь здесь. От страха я помчалась ещё быстрее. С трудом добралась я до вагона, в котором была моя мать, и вскоре мы опять ехали дальше. На следующий день поезд остановился на какой-то станции, где была большая река. По-видимому, это был Одер, и, значит, накануне днём мы останавливались в Варшаве. Нас высадили, и мы бросились в воду, чтобы смыть с себя всю грязь. В вымытые жестянки мы набрали с собой в поезд воды. Когда уже все были в вагоне, пришли польские женщины и мужчины. С собой они принесли воду в вёдрах и хлеб в корзинах, которые они стали нам раздавать, но на всех этого не хватило. Те, кто что-то получил, стали делиться с остальными, и это всех выручило. Потом наш путь в неизвестность продолжился. Наступила ночь, и очень похолодало. По нашим расчётам это должен был быть октябрь или ноябрь. Мы не знали ни дней, ни времени суток, определяя всё лишь по солнцу. Только видели, что поезд вёз нас через города и сёла, которые мы до этого никогда не видели.

Но потом моя мама сказала: «Я думаю, что мы где-то в Германии.» Нам трудно было в это поверить.

На родине? На чужбине?

Мы и подумать не могли, что вообще окажемся в Германии! Остальной мир был для нас словно потерян. Моя мама снова и снова пыталась через узкое окошко поймать немецкие буквы, всё было так незнакомо. Мы приехали в немецкий город Айзенах в Тюрингии.

Наш поезд остановился. Впервые за долгое время мы услышали говорящих по-немецки людей. Они открыли вагонные двери, и мы все опять бросились наружу, словно стадо животных. Мы стояли на вокзале и не знали, что будет дальше. Мы кричали, что хотим есть. Встречавшие же призывали нас к порядку, на что мы не реагировали из-за жуткого голода и жажды. Тогда громкоговоритель задребезжал, что мы должны построиться рядами и занять места в грузовиках, ожидающих нас перед вокзалом. Прошло какое-то время, и первые машины уехали. Потом настала наша очередь, и мы почувствовали какое-то радостное ожидание.

Все люди вокруг говорили по-немецки, но нам было почему-то сложно их понять. Всё было словно чужим. Мы ехали через город и не могли осознать, что перед нами стояли неразрушенные дома. Все люди выглядели как-то необычно. Потом мы проехали через холмистый лес и увидели находящееся за забором здание. Мы очень испугались, что нас опять запрут. Сопровождавший нас мужчина сказал, что мы в Германии, и бояться не надо, а это лагерь, где нас всех разместят, накормят и проверят, нет ли среди нас больных. Мы немного успокоились, но какое-то недоверие осталось. Так мы въехали в лагерь, в котором уже находились ехавшие впереди нас. Они стояли немного испуганно и ждали, что будет дальше. Нас провели в зал, где накормили обедом, напоили горячим чаем и молоком. Мы сидели за прекрасно накрытым столом, и это было похоже на рождественский праздник с сердечными приветствиями. Потом с удовольствием по-настоящему помылись в специально отведённом для девочек и женщин помещении.

После этого началась регистрация. Нас снова спрашивали, кто мы, когда родились и где жили до наступления русских. Затем нас разместили в бараках, где мы впервые за долгое время смогли поспать на раскладушках. Моя мама расплакалась от радости и сказал мне: «Улла, теперь мы по-настоящему выспимся.» Казалось, что дивный сон никогда не закончится. На следующее утро нам не хотелось просыпаться, и нас даже пришлось выгонять из постелей, от уютного тепла которых мы уже давно отвыкли.

После прибытия 13 октября 1948 года в Айзенах нас основательно обследовали и сделали прививки от всевозможных болезней. По этой причине мы до 26 ноября 1948 года находились на карантине, после чего нас отправили дальше.

Дни после всех этих обследований протекали в каком-то ожидании. Из-за опасности эпидемий нам нельзя было покидать лагерь. Как и раньше, мы все опять почувствовали себя запертыми. Наше питание было довольно скромным, и рацион день ото дня уменьшался.

Лагерь Зибенборн

Я сказала маме, что посмотрю, можно ли выбраться из лагеря. Я прошла вдоль всего забора, присматриваясь, нет ли где-нибудь лазейки, и на следующий день нашла способ выбраться наружу. Оказавшись одна среди города, я дошла до магазинов, возле которых стала просить что-нибудь поесть. Местные жители страшно поразились тому, что я попрошайничаю. Они спрашивали, откуда я. «Там, на горе есть лагерь, где мы все остановились», – отвечала я. «Ах, в лагере Зибенборн, где ещё две недели назад были военнопленные, которых отправили дальше во Фридланд?»[31] Я сказала, что мы прибыли из Литвы, где были попрошайками, но они ничего не знали про Литву. Люди дали мне хлеб с маргарином и несколько яблок. Я этому очень обрадовалась и проскользнула в лагерь таким же образом, как и выбралась оттуда. Эти вылазки я держала в тайне и никому, кроме мамы, об этом не рассказывала.

Так я стала проделывать каждый день, уходя перед обедом и к середине дня снова возвращаясь в лагерь. В результате у нас была дополнительная еда. Через какое-то время начальница лагеря подарила мне замечательный голубой пуловер и тёмно-синюю юбку. От радости я крепко обняла её и поблагодарила. Я гордилась новыми вещами и с гордостью носила их.

Наступил день, когда нас всех собрали и сообщили, куда мы должны отправиться. Мы с мамой получили направление в Вайсбах под Шмёльном в Тюрингии. Каждому дали билет для поездки на поезде, и на следующий день нас довезли на грузовике до вокзала, где уже стояло много детей с сопровождающими. Поезд прибыл на вокзал, и нас проинструктировали, где мы должны садиться. К нам подошла женщина с тремя детьми, они тоже отправлялись в Вайсбах.

Мы, дети, быстро познакомились друг с другом. Оказалось, что они тоже попрошайничали в Литве, а родом были из Алленштайна.

Наш поезд тронулся. Поезд с людьми, единственным желанием которых было получить наконец-то постоянное пристанище. Всем хотелось только покоя, наши нервы были на пределе.

Самое необходимое

В нас вселилось любопытство, что же нас теперь ожидает. Через несколько часов пути наш поезд прибыл в Шмёльн, где перед выходом из вокзала нас встречал человек, представившийся бургомистром Хенкелем из Вайсбаха. Он приехал за нами на запряжённой лошадьми повозке. Семь километров было до этой маленькой деревни с церковью и прудом посередине. Сначала мы поехали в администрацию. Люди оказались очень дружелюбными и сразу накормили нас горячим обедом. Бургомистр взял наши документы, привезённые из Айзенаха, после чего нас разместили в двух крестьянских дворах. Женщину с тремя детьми поселили на окраине деревни.

Нас же поселили в доме семьи Хофер, который оказался рядом с домом бургомистра. Это был настоящий бюргерский дом со множеством комнат, в котором нам отвели крошечную комнатку, где стояли только кровать, маленький стол, два стула и угольная печь. На кровати – одеяло, подушка и простыня. Ещё тазик, чтобы мыться, миска для мытья посуды, две кастрюльки, две тарелки, столовые приборы и две чашки. В общем, только самое необходимое для жизни.

После всех пережитых страданий мы с мамой почувствовали себя королевами. Семья Хофер пришла к нам познакомиться, им хотелось побольше узнать о нас. Моя мама рассказала, откуда мы. Они даже представить себе не могли, что мы приехали из Литвы. Хозяева снабдили нас продуктами из своего крестьянского хозяйства. Эта маленькая комната оказалась в нашем полном распоряжении, и мы ощутили себя людьми. Могли наконец-то закрыть дверь и помыться, сами приготовить еду и выспаться на одной кровати. Это казалось счастьем для нас, мы даже не замечали, что на двоих имелась только одна кровать, а просто довольствовались тем, что было.

На следующий день мы снова пришли к бургомистру для регистрации. Он дал маме 25 марок на покупку продуктов. Неподалёку от нас находился кооперативный магазин, где можно было что-нибудь приобрести. Для нас это был абсолютно чужой мир, и потребовалось ещё немало времени, чтобы вжиться в него. К тому моменту мы уже привыкли к свободному и неорганизованному передвижению по земле. Во-первых, нам нужно было освоить новые понятия: талоны на продукты, купоны на обувь и одежду, а также нормы выдачи дров и брикетов угля. Семья Бахманн, поселившаяся напротив нас, была в таком же положении, только они получили три комнаты. В отличие от нас, им больше повезло.

Первые дни мы вообще не осмеливались выходить на улицу. Притаившись в комнате и осматривая стены, мы были охвачены страхом, что кто-нибудь может опять выгнать нас отсюда. Потом я всё-таки посмотрела крестьянский двор семейства Хофер и была поражена большим количеством домашних животных, которые у них были. Такого я за всю свою жизнь никогда не видела, и сразу же предложила помочь убраться в коровнике и положить туда свежую солому. Хозяин очень обрадовался и сказал мне: «Конечно, если хочешь, ты можешь нам помочь. Потом получишь от нас какие-нибудь продукты.» Я радостно побежала рассказать об этом маме, которая заметила: «Ты наверняка не сможешь это делать, потому что со следующей недели будешь учиться в школе в Вайсбахе. Господин бургомистр Хенкель сказал мне об этом, и я тебя туда записала.»

Я одновременно и обрадовалась, и перепугалась. Ночами я теперь не могла спать, думая о школе. Мы ещё раз пошли к бургомистру и попросили рассказать всё про школу. Он подарил мне школьную сумку своих детей, карандаши и пенал. Мне оставалось только купить доску. Он приободрил меня перед первым школьным днём, постаравшись вселить уверенность. Маму я попросила пойти в школу со мной, потому что боялась, что все дети сразу уставятся на меня. Дети фрау Бахманн тоже собирались в эту школу. Они сказали мне: «Если дети захотят нас побить, мы встанем друг за друга и будем говорить только по-литовски или по-русски. Тогда они не смогут понять, что мы думаем.» И мы поклялись делать так всегда.

Потом я целый день с огромным удовольствием помогала в хлеву, и хозяевам это понравилось. К вечеру они дали мне с собой литр молока, немножко сиропа сахарной свёклы и несколько кусочков хлеба. Радостная, я побежала с этим к маме, и мы с ней уютно посидели за нашим маленьким столом. От небольшой печи, стоявшей в комнате, исходило приятное тепло. Немного дров и брикета мы получили от бургомистра, но следующую партию мы должны были сами привезти с угольного рынка, расположенного в городе Шмёльне в семи километрах от нас. У нас не было ничего, на чём можно было бы привезти, поэтому сначала мы должны были найти ручную тележку. Крестьянин Хофер мог бы привезти дрова на лошадиной повозке, но не стал этого делать для нас, бедняков.

С его детьми Гердой и Гюнтером я была бы не прочь подружиться. Они были примерно моего возраста, но со мной, бедной попрошайкой, общаться не стали. Я поначалу не могла понять, почему они так плохо ко мне относились. Спросив об этом маму, я услышала: «Оглянись, пожалуйста, вокруг. Они богатые, и мы для них ничто. Эти люди не хотят иметь с нами никаких дел. Они даже не здороваются, когда встречаются со мной на лестнице.»

Я очень расстроилась и перестала работать у них в хлеву. Они поинтересовались, почему я перестала им помогать. «Вы не здороваетесь с нами, – ответила я, – и мы очень боимся, что скоро нас снова выгонят из комнаты.» Хофер уверил меня, что это не совсем так. Мы являемся квартиросъёмщиками, и отныне должны будем платить двадцать марок в месяц, и он подойдёт к моей маме, чтобы оформить договор аренды. Услышав от меня это, мама воскликнула: «Где же мы достанем такие деньги?..»

Я вообще давно не видела никаких денег и забыла, что это такое. А мама задумалась, как нам жить дальше.

Всё заново

Я должна была идти в школу. В свои 13 лет я ощущала себя первоклассницей. В первый день, когда я пришла туда с мамой, учитель Кёниг и директор Хуке уже ждали меня. Дети Бахманн тоже были там. Мы были перепуганы и не осмеливались произнести ни слова. Учитель Кёниг привёл меня в свой класс. Здесь сидели дети примерно моего возраста. Все уставились на меня. В классе стояла тишина. Учитель указал мне место рядом с одной девочкой. От страха у меня дрожали все поджилки. Никогда не забуду это чувство. Потом учитель сказал: «Ну, что ж, подойди-ка к доске и напиши нам всем своё имя, чтобы мы знали, кто ты и откуда.» Я подошла к доске, взяла кусочек мела и хотела написать, но не могла. Просто не знала, как это сделать. Словно приросшая стояла я и потом начала плакать. Дети стали громко смеяться, учитель воскликнул: «Тихо!» Но они не умолкали. Тут просто бешенство вскипело во мне, про себя я поклялась: «Подождите, я вам ещё покажу», – и бросилась за дверь.

Там в коридоре я остановилась и разревелась. Учитель Кёниг подошёл ко мне, по-дружески взял меня за руку и пошёл со мной к директору Хуке. Обвиняя учеников, он рассказал директору, что произошло. Потом, вернувшись в класс, он поведал всем, через что я прошла, и призвал к пониманию. Ученики извинились, а я вернулась на своё место. Я была настолько напугана, что ничего не могла делать. Позднее учитель Кёниг, узнав от бургомистра о моём прошлом, ещё раз объяснил всё пятому классу.

Дома я рассказала маме о происшествии в школе, и её это тоже расстроило. Я же никак не могла успокоиться и только при одном воспоминании об этом начинала плакать. Мне не хотелось больше идти в школу. На следующий день я всё-таки пошла туда, но не осмелилась войти. Только когда появился учитель Кёниг, я вошла с ним в класс. Мне казалось, что за всё время, что я попрошайничала в Литве, никто не был ко мне так жесток, как дети из этой деревни, – такой несчастной я себя почувствовала. Учитель это заметил и сказал мне, что попросил девочку по имени Маргарита Габлер помочь мне с домашними заданиями. Я очень обрадовалась, а Маргарита сказала: «Я тоже живу в Обердорфе, поэтому ты можешь приходить ко мне каждый день после обеда, и мы будем вместе делать домашнее задание.» Впредь я делала так каждый день, и у меня всё-таки появилось чувство уверенности в том, что я всему научусь. Это было для меня крайне сложно, но я преодолевала себя. В мои тринадцать лет мне хотелось, как минимум, научиться читать, писать и считать. Но маму мои школьные заботы совершенно не тревожили. Я до ночи засиживалась в постели за книгой для чтения, не обращая внимания, что мама крепко спит рядом. Во мне словно проснулся инстинкт самосохранения.

Помимо школы я ещё работала у семьи Хофер в хлеву и на поле, за что по вечерам мне давали немного молока, хлеба, сала или сиропа. Моей маме, чтобы зарабатывать деньги, тоже пришлось позаботиться о работе в деревне. В то время было довольно много крестьянских дворов с большим хозяйством, среди которых выделялось имение с прекрасным прудом и островом посередине, где плавали утки и лебеди. Мать начала работать там у семьи Визнер, где получала немного денег. Один раз в месяц нам выдавались продуктовые карточки. Кроме этого нам требовались деньги на покупку вещей. В Шмёльне находился пункт, где бедным людям раздавали вещи. Мы очень обрадовались, когда получили там пальто, платье и немного белья.

Так постепенно к нам вернулась воля к жизни, мир вокруг нас стал преображаться. Мы опять жили по годам, месяцам, неделям, дням и часам. Конечно же, нам требовалось утвердиться. Люди со стороны ещё называли нас порой «эти с востока» или «беженцы». Но мы уже не чувствовали себя беженцами. Мы были изгнанными с родины, попрошайками и поздними репатриантами[32].

Служба розыска Мюнхена: «Герберт Ведигкайт ищет своих родителей»

Спустя некоторое время я снова пришла к нашему директору господину Хуке по поводу помощи в учёбе. На кухне у него стояло радио, по которому его жена постоянно слушала программу службы розыска Красного Креста в Мюнхене, которая всегда транслировалась в одиннадцать часов утра. С её помощью беженцы находили своих родных: родители – детей, а дети – родителей. И вдруг я услышала: «Герберт Ведигкайт ищет своих родителей.» Меня это объявление просто сорвало со стула, я бросилась к фрау Хуке и закричала: «Фрау Хуке! Фрау Хуке! Это мой брат Герберт. Его так зовут. Я должна как можно скорее бежать к маме. Я сейчас сойду с ума!» Мой брат Герберт жив! Я помчалась к маме, влетела по лестнице в коридор, распахнула дверь и закричала: «Мамочка, мамочка! Наш Герберт жив! Я только что услышала это по радио. Он ищет своих маму и папу. Я не ослышалась. Это так, мамочка!» Думаю, у меня был шок от радости. Я кричала это снова и снова, пока мама не сказала: «Улла, послушай, этого не может быть. Их всех нет в живых.» – «Нет, мама, это правда! Пойдём сейчас же к семье Хуке. Они это тоже слышали.»

Мы вместе пошли туда, и они всё подтвердили маме. Мы кинулись друг к другу в объятья, ещё не в силах осознать услышанное. Фрау Хуке дала нам адрес Красного Креста в Мюнхене. Мы поблагодарили её за помощь и скорее побежали домой. Я решилась отправить туда запрос, чтобы всё-таки уточнить, наш ли это Герберт. Я пошла к бабушке Хофер, чтобы рассказать ей радостную новость. Она тоже не могла это осознать и поверить. Чувство какого-то безмерного счастья охватило меня. Мама Инги дала мне бумагу для письма и почтовую марку. Прибежав к маме, я сказала: «Мамочка, я сейчас же напишу в Мюнхен, и на следующей неделе мы наверняка получим ответ, что это так». Я была настолько взволнована, что не представляла, как я должна об этом написать. Не теряя времени, я сразу же написала письмо и отнесла его на почту в Шмёльн. Я чувствовала себя так, словно несла золотой самородок. Вне себя от счастья, я вернулась в Вайсбах, пошла к семье Хуке, чтобы ещё раз сказать спасибо за помощь в учёбе. Благодаря им я услышала это объявление. У нас не было радио, и мы ничего бы не узнали.

Когда я вернулась домой, мы с мамой уселись на кровати, обнялись и стали плакать от радости. Я никак не могла до конца поверить в случившееся. На следующий день это было темой разговора для всей деревни. Семья Хуке всем рассказывала о произошедшем в их доме событии. Мы с мамой теперь не могли думать ни о чём другом и ожидали только новостей из Мюнхена.

Многие снова и снова спрашивали нас, не получили ли мы каких-то известий из службы розыска. В школе мне стало трудно учиться, потому что все мои мысли были о Герберте. Для меня его уже несколько лет не было в живых. Почему вдруг прозвучало его имя по радио? Я не могла до конца осознать случившееся. Мама почти ничего не говорила, только неподвижно сидела на кровати. Я постоянно спрашивала её: «Мамочка, действительно могло так случиться, что наш Герберт жив?» – «Я не знаю, Улла.»

Думаю, прошло недели четыре, когда мы, наконец, получили долгожданное письмо из Мюнхена с подтверждением, что это наш Герберт. Я закричала от радости и кинулась обнимать маму – мы нашли родного человека! Мы много раз перечитывали письмо. В нём чёрным по белому было написано, что наш Герберт с 1947 года живёт у дяди Алвина, брата матери, в Берлине, и мы должны туда обратиться. Его адрес был указан в письме, это действительно было правдой. Я снова ощутила сестринское чувство, но всё-таки никак не могла окончательно в это поверить. Я подумала о тёте Лизе в Литве. Неужели она сказала не всю правду о моих братьях и сёстрах? И теперь я впервые написала моему дяде Алвину, который даже не знал, что мы здесь.

Я снова засомневалась и очень испугалась от одной только мысли, что это может быть не наш Герберт, и я напрасно обрадовалась, что у меня будет брат. Мысли об этом не давали покоя. Письмо дяде Алвину я опять с надеждой отнесла на почту в Шмёльн и с нетерпением ожидала ответа. Но мама была очень печальна и почти не говорила об этом. Я не понимала, почему. Она часто ходила к фрау Бахманн и возвращалась через несколько часов. Фрау Бахманн сказала мне как-то, что мама стала очень часто плакать.

Примерно через две недели пришла почта из Берлина. С любопытством разорвала я конверт, который всё подтвердил: мы нашли нашего Герберта. Плача, мы снова и снова читали письмо. В 1947 году Герберт, как больной туберкулёзом ребёнок, был отправлен русскими из Кёнигсберга в Берлин. В Кёнигсберге его на улице полуживого подобрала русская медсестра и поместила в больницу. В Берлинском ведомстве ему оформили опекуна и передали дело в службу розыска в Мюнхене. К нашему счастью, как мы думали. Но всё обернулось иначе.

Самая большая проблема заключалась в том, что у нас не было денег на поездку в Берлин. Я сказала маме, что мы пойдём к бургомистру Хенкелю, который наверняка поможет нам. Мои надежды оправдались.

В Берлин[33] мать поехала одна, а я оказалась предоставлена сама себе, ощущая от этого какую-то внутреннюю пустоту. Но дети в школе ободряли меня. Моя подружка Инге каждый день спрашивала: «Улла, ты уже узнала что-нибудь от мамы?» И каждый день был ответ: «Нет». Больше недели она находилась в дороге и наконец-то появилась в Вайсбахе.

Я с радостным нетерпением ожидала услышать, какие новости из Берлина привезла мама. Но она оказалась очень раздражённой и даже выругалась, чему я была просто поражена. «Мамочка, что произошло у дяди Алвина?» – хотела я знать, – «и почему ты не привезла Герберта с собой?» Для меня опять словно рухнул весь мир; а ведь я только начала осознавать радость от того, что у меня есть брат. И всё оказалось зря. «Улла», – сказала мать, – «Герберт не будет с нами». На это я не знала, что сказать. «Мамочка, ты видела Герберта?» – спросила я всё-таки с огромной надеждой. «Да, я видела его у дяди Алвина, но он не хочет иметь со мной ничего общего. Ему уже 13 лет, и он может сам решать, где ему хочется расти и оставаться. И заявил, что на ходу спрыгнул бы с поезда, если бы оказался там, где русские. Он твёрдым голосом сказал, что хочет навсегда остаться у дяди Алвина, и от меня, как от матери, навсегда отрёкся.»

Я не могла смириться с тем, что снова потеряла брата. Мой внутренний мир словно рухнул. Я расплакалась. Мама оставалась, словно мумия, неподвижной, уставившись в пустоту.

«Мамочка, почему у меня опять нет брата?», – спрашивала я её.

Ответом было: «Я тоже этого не знаю».

Эпилог – что произошло потом…

Поначалу я никак не могла избавиться от тяжёлых воспоминаний, мысленно постоянно возвращаясь в Кёнигсберг и Литву. Это было пыткой для меня. От детских игр я не получала никакой радости. Но у меня появилась хорошая подруга, да и директор Хуке продолжал помогать.

В семье Хофер нам было всё труднее. Мы были нищими, а у них ломились полки. В отличие от нас, они ни в чём не испытывали недостатка. Приближался праздник конфирмации, а у меня не было для этого платья. Нашлось для меня только одно старенькое в чулане, в котором я всё-таки выглядела достойно. Грустно мне было по другой причине. Все конфирманты пришли со множеством родственников, а у меня не было никого, кто мог бы заменить отца.

Скоро я должна была закончить школу и получить свой первый в жизни аттестат. Я написала об этом моей тёте Агнес, которая жила в городе Билефельд в Западной Германии. Она очень гордилась мной и прислала в подарок большую посылку.

Мне исполнилось 14 лет, и я должна была начать обучаться профессии. Мне хотелось стать портнихой, но из этого ничего не вышло. Как мне сказали, я могла бы научиться делать пуговицы. Я так и поступила и училась всему, даже если было очень сложно. Я хотела получить хорошее образование, чтобы самой зарабатывать деньги.

Общение с мамой давалось мне всё труднее. Мы ссорились, она стала очень недовольна повседневностью. Особенно плохо было в Рождество. Единственным его украшением были чудесные красные яблоки.

Я стала знакомиться с окружающими и обнаружила в себе любовь к спорту. Больше всего мне нравилась лёгкая атлетика. Я даже ездила на некоторые соревнования. Однажды мне пришлось поехать в Берлин, и я, конечно же, вспомнила о своём брате Герберте.

Когда мы друг друга увидели, то кинулись друг к другу в объятия и расплакались. Всё произошедшее нам было непросто осознать. Немного успокоившись, мы рассказали друг другу о пережитом.

Незаметно я повзрослела. Я постоянно училась, свободного времени становилось всё меньше, и вскоре моё детство осталось в прошлом.

По отношению ко всему, что вокруг меня происходило, я имела свои собственные мысли. О бедности и о деньгах, о русских, которые всё забирали для своего народа, о лозунгах нового времени. Тут я всегда вспоминала Кёнигсберг. Тогда – гитлеровские марши молодёжи, теперь – пионерские песни. Это даже звучало почти так же, только слова были другие. Молодёжь легко оболванивать.

На фирме я замечала, что люди становились всё недовольнее установленными нормами выработки и хотели бóльшей зарплаты. Не давало покоя то, что мы, ученики, не могли ничего изменить.

Потом я нашла место домработницы. Мама не возражала. Но и там я не нашла покоя. Я хотела на запад. У некоторых это уже получилось. Я тоже решилась уехать, для меня уже не было дороги назад. Мы с мамой разработали план и никому об этом не говорили. Увольняться я не могла.

Сначала мы отправились к дяде Алвину в Берлин, но тот не мог содержать нас долго. В лагере Мариенфельд нам сообщили, куда мы должны отправиться. Направление было в Кемпен/Крефельд. Мы прибыли туда в марте 1954 года. Нас встретил бургомистр фон Гефрат. Мы пришли в жалкий барак, который был для нас адом. Я сразу же пошла в службу занятости, чтобы что-то найти. Я делала всё. Было скверно, если люди меня обзывали «этой русской» или «полячкой». Это было унизительно.

Мы не получили никакой помощи, только удостоверение беженца, но в нём стояло, что я ни на что не могла претендовать.

Я поискала себе спортивную секцию, и в ней мне доверили руководить детской группой. Малыши были в полном восторге, и это стало для меня подтверждением, что я всё правильно делала.

С мамой мне было плохо. Однажды она заорала на меня: «Для чего я тебя только произвела на свет, если ты не работаешь для нас?» Во мне всё словно оборвалось.

Я опять нашла место домработницы, но получала мало и чувствовала себя рабыней. И только спорт помогал мне справиться со всем. Я открыла совершенно новую для себя жизнь и заметила, что стала лучше себя чувствовать.

Но друга у меня не было. Из-за всего пережитого в Кёнигсберге во мне было отвращение. Потом на работе появился один знакомый моего шефа, который пришёл со своим сыном Клаусом. Молодой человек улыбнулся мне и наши взгляды встретились. Было такое ощущение, что мы уже давно знакомы. Ему тоже досталась нелёгкая доля. Мы стали встречаться с ним, и вскоре он не захотел, чтобы я надрывалась на работе.

Поженились мы 4 октября 1958 года.

Наш здоровый мальчик, маленький Клаус, родился в 1959 году. И отныне у меня стало два Клауса!

Комментарии д-ра Винфрида Хальдера

I. Бремя памяти

Нет, эта книга – не литературный шедевр. Почти каждая строка даёт понять, что литературное творчество – не повседневное занятие автора. Нельзя не заметить, что произведение рождалось в муках и автору было не до художественных изысков, она просто не могла не написать эту книгу.

Не литературный шедевр: именно в этом и заключается неповторимость воспоминаний Урсулы Дорн. С жёсткой прямотой доносят они до современного читателя мироощущение десятилетней девочки, пережившей ужасы последних дней войны и тяготы послевоенных лет. И именно поэтому эти «интеллектуально неотфильтрованные» воспоминания ребёнка так проникновенны. Литературная «причёсанность» событий шестидесятилетней давности, сделанная из каких-либо благих намерений, только испортила бы повествование.

Уже существуют воспоминания тех, кто, в силу образованности или личной склонности к сочинительству, изложил ужасающие события 1944/45 годов, приведшие к краху Восточной Пруссии. Особо следует отметить «Восточно-прусский дневник» графа Ганса фон Лендорфа[34] и «Имена, которые больше никто не называет, – Восточная Пруссия, люди и история» графини Марион Хедда Ильзе Дёнхофф[35]. Они по праву относятся к наиболее известным и часто цитируемым свидетельствам того времени. В отличие от Урсулы Дорн, оба к моменту описываемых событий были уже сформировавшимися людьми, да к тому же и с высшим образованием. Молодой врач Лендорф (1910 года рождения) и дипломированный специалист Дёнхофф (1909 года рождения) пережили и описали ужасы войны в форме, которая ни одного читателя не оставит равнодушным. Несомненно, на их свидетельства наложили отпечаток и совершенно определённые религиозные и политические взгляды авторов. Лендорф – убеждённый христианин лютеранского вероисповедания, который, как член оппозиционной режиму «Исповедующей церкви»[36] противился нацистской диктатуре. Для него гибель восточно-прусской родины была неизбежным следствием бесчисленных зверских преступлений, совершённых немцами в Советском Союзе и других странах. Дёнхофф несомненно тоже придерживалась этой бесспорной точки зрения. К моменту выхода своей книги бывшая графиня уже превратилась во влиятельнейшую журналистку еженедельника «Цайт». Своей книгой «Имена, которые больше никто не называет» она стремилась доказать необратимость утраты восточных территорий Немецкого государства. В начале 1960-х это вызывало возмущение не только у большинства членов «Союза изгнанных» [37].

Ничего подобного нет у Урсулы Дорн. Примечательно, что имя Гитлера вообще не упоминается ею, а Сталина – мимоходом. Отсутствие «политического контекста», конечно же, объясняется происхождением Урсулы Дорн, родом, как говорится, «из простой среды». У неё не было даже малейшего шанса учиться в высшем учебном заведении, что для Лендорф и Дёнхофф, учитывая их дворянское происхождение и воспитание, полученное в родовых имениях, казалось почти само собой разумеющимся. Но гораздо важнее разницы в образовательном уровне другое: воспоминания Урсулы Дорн были десятилетиями как бы «герметически закупорены» в её душе. Она решила, если такое замечание уместно, их не тревожить. Во-первых, такое решение было обусловлено тем, что многие годы общественность ФРГ, за исключением радикально настроенных групп «Союза изгнанных», полагала неуместным и нежелательным «постоянно рассказывать эти ужасные истории». Это происходило из-за неправильно истолкованного стремления к примирению с Чехословакией и нашими восточно-европейскими соседями. И недекларируемой убеждённости, что взаимопонимания легче достичь, если признание неопровержимой вины Германии увязывать с замалчиванием преступлений, совершённых по отношению к немцам. Какое заблуждение...

Однако в последнее время произошли коренные изменения в этом вопросе: изгнанию немцев и сопутствовавшим этому обстоятельствам, которые теперь рассматриваются в свете произошедших в последнее время многогранных изменений, стало уделяться гораздо больше внимания в рамках общенемецкого движения «культура памяти»[38]. Это сделало возможным и открытый диалог о нарушении прав человека по отношению к немецкому гражданскому населению.

До того, как изменился общественный климат и начались споры о месте «культуры памяти» в общественном сознании, была и вторая, самая важная причина молчания Урсулы Дорн: инстинкт самосохранения. Не надо быть прирождённым психологом, чтобы понять, что с таким грузом прошлого, который принесла с собой двенадцатилетняя девочка в послевоенную Германию, вероятно можно было жить дальше, лишь крепко запрятав в душе страшные воспоминания, и внимательно следить, чтобы они оттуда никогда не вырвались. Наверное, ей, как многим другим, помогало и то обстоятельство, что стремление (вы-)жить в первое послевоенное десятилетие забирало без остатка всю энергию человека, и ни о чём другом думать уже не было сил. Кроме этого, следует учесть, что жила Дорн в советской оккупационной зоне – позже ГДР, где по политическим мотивам существовал никогда официально не заявленный, и потому ещё более действенный, запрет на обсуждение преступлений, совершённых советскими «друзьями».

И Урсула Дорн молчала, пока ей не пошёл восьмой десяток лет. Лишь только тогда осмелилась она записать свои воспоминания, но не для «публики». Желание быть понятой близкими было основной причиной, побудившей автора к написанию книги, которую она посвятила сыну и внучке.

Она не стала первой, чьему перу принадлежат описания подобных детских судеб, и это, возможно, укрепило Урсулу Дорн в решении написать Откровение, выстраданное ею Откровение, в котором нет и намёка на желание самоутвердиться.

Результатом творчества явилась очень личная книга. Автор доверила свою боль посторонним чужим людям и заслуживает глубокого уважения за этот мужественный поступок. Натуралистические подробности – не самоцель автора, а предупреждение о том, до какого зверства может докатиться человек, безнаказанно уродующий судьбы невинных людей. Автор заслуживает глубокого уважения за то, что она вновь погрузилась в тяжёлые воспоминания и наверняка приняла личное решение не столько смягчить душераздирающие сцены, сколько сделать их более щадящими для читателя.

Издательство и корректор заслуживают уважение за осторожное обращение с рукописью: они не поддались искушению «пригладить» те места в тексте, которые могут показаться неуклюжими, и тем самым сохранили своеобразие повествования. Поэтому остались нетронутыми образные выражения, благодаря своей безыскусной прямолинейности обладающие наибольшей выразительностью.

Как, например, образная фраза «Моя детская душа при виде этого треснула на всю оставшуюся жизнь» („Meine kleine Seele hat dabei einen großen Knacks im Leben bekommen“, – Марш смерти, стр. 21), когда автор повествует об ужасных натуралистических подробностях.

II. Груз воспоминаний

События, описанные Урсулой Дорн, происходят с лета 1944 по октябрь 1948 года. Урсула Дорн родилась в 1935 году в Кёнигсберге, к тому времени уже несколько сотен лет являвшимся столицей Восточной Пруссии. С населением около 370.000 человек Кёнигсберг был тогда не только самым крупным городом провинции, но и входил в двадцатку самых значимых немецких городов.

Благодаря своему географическому положению, столица Восточной Пруссии до времени, о котором рассказывает Урсула Дорн, оставалась нетронутой военными действиями. Потом война обрушилась на неё со страшной силой. Немного неточно У. Дорн вспоминает о большой бомбовой атаке; на самом деле были две ночные атаки, проведённые британскими ВВС 26–27 и 29–30 августа 1944 года. Исторический центр Кёнигсберга, включая дворец и Собор, был почти полностью разрушен, 40% города превратилось в руины, погибло около 4600 мирных жителей.

Описанные Урсулой Дорн обстрелы из пулемёта с советских военных самолётов проводились уже спустя некоторое время. Между тем, помимо авианалётов, Кёнигсберг постигла и другая злая участь: в середине октября 1944 года Красная Армия сломила сопротивление уже не способного обороняться немецкого Вермахта, впервые переступив границы Немецкого Рейха.

Отныне Восточная Пруссия уже не получала никакой выгоды от своего положения Восточной провинции и отныне стала ощущать на себе злобу и жажду мести, целенаправленно разжигаемые Сталиным, советских солдат, до тех пор испытывавших на себе удары немецкой стороны[39].

Уже после первого наступления советской армии в районе Гумбиннен (примерно 100 км к востоку от Кёнигсберга) начались ужасные бесчинства по отношению к своевременно не убежавшему гражданскому населению[40].

Урсула Дорн постоянно упрекает мать в том, что та своевременно не согласилась покинуть город. Оглядываясь назад, едва ли можно упрекнуть её мать в нерешительности, так как, с одной стороны, она, конечно же, хотела представить себе место возможного пристанища, и с её точки зрения такого вообще не существовало. С другой стороны, снова и снова раздавались заверения нацистского руководства – прежде всего, гаулейтера НСДАП Эриха Коха, – о том, что Кёнигсберг в любом случае выстоит, и это только вопрос времени, когда вражеские отряды будут выдворены из Восточной Пруссии. Наконец, со стороны партийного руководства прозвучал вполне определённый запрет на бегство гражданского населения. Это распространялось и на Кёнигсберг. Скрытое движение беженцев (например, под предлогом посещения родственников) даже несмотря на официальный запрет, привело всё-таки к тому, что к концу 1944 года в городе проживало уже менее 250.000 человек.

Какой же полнейшей иллюзией было считать, что Красную Армию ещё можно было остановить, многим стало понятно лишь после начала последнего зимнего наступления советских войск в середине января 1945 года. В течение нескольких дней большая часть Восточной Пруссии с Кёнигсбергом была отрезана от остальной территории рейха. Таким образом, советские формирования с помощью большой обходной операции у Эльбинга (примерно 100 км юго-западнее Кёнигсберга) продвинулись до Балтийского моря.

С 23 января 1945 покинуть город стало возможно только через порт Пиллау, и после этого – морским путём – через Балтийское море. Или ещё более опасным способом, а именно, пересечением замёрзшего Кёнигсбергского залива (в основном пешком по льду Балтийского рукава юго-западнее Кёнигсберга). Десятки тысяч жителей Кёнигсберга, тем не менее, предпринимали отчаянные попытки бежать из города. Когда советские войска 27 января взяли в осаду город-крепость, этой возможности тоже не стало.

Комендант города генерал Ляш, верный приказу Гитлера, распорядился защищать Кёнигсберг до 9 апреля 1945 года всеми доступными средствами, несмотря на то, что в городе, по разным оценкам, могли находиться 120.000 мирных жителей. Вследствие этого, оставшееся население, как это и описывает Урсула Дорн, пережило смертельную борьбу за город, в котором от артобстрелов и бомбёжек погибли жители, число которых неизвестно, была разрушена практически вся инфраструктура. Сам же Эрих Кох, тем временем, давно сбежал на запад.

Генерал Ляш капитулировал со своими солдатами только 9 апреля 1945 года, когда вторгшиеся группировки Красной Армии, минуя Кёнигсберг, стояли уже на Одере, готовые к последнему броску на Берлин. Поэтому сопротивление в городе стало в военном отношении бессмысленно.

Когда советские солдаты ворвались в руины столицы Восточной Пруссии, началось страшное бесчинство в отношении всех попадавших им под руку людей, будь то раненые солдаты, старики, женщины или дети.

Урсула Дорн попыталась описать неописуемое. И бесцельное, на протяжении нескольких недель, выселение из города выживших на тот момент людей является фактом. До сегодняшнего дня неясно, какую, собственно, цель преследовали победители, когда сначала вынудили десятки тысяч людей покинуть Кёнигсберг, чтобы потом вернуть их на мусорный полигон, где планомерно проводимые поджоги окончательно всё уничтожили.

По данным советских источников на 1 сентября 1945 года в Кёнигсберге проживало ещё более 68.000 человек, среди которых не было взрослых работоспособных мужчин. Для оставшихся женщин и детей их немецкое подданство исключало возможность регулярного получения продуктов питания, медикаментов и предметов первой необходимости. В то время, как в советской оккупационной зоне и западнее держава-победительница не сохранила существующую рациональную систему, а ввергло оставшееся население города и всей Восточной Пруссии в повсеместный хаос разрушения, тысячи, прежде всего женщины, были вероломно схвачены на улицах для отправки на принудительные работы.

Для матери Урсулы Дорн страх быть схваченной всё остальное делал уже неважным. Рабочие силы в основном были заняты в местном сельском хозяйстве, которое победители возрождали, в первую очередь, для обеспечения собственных войск, но объём производства в котором резко уменьшился по сравнению с прошлым. Большое число немецких работников было депортировано в Советский Союз.

То, что происходило с оставшимся гражданским населением, можно объяснить нерешительностью советского руководства в отношении всего их будущего. Хотя Потсдамская Конференция держав-победительниц (17 июля – 2 августа 1945) постановила, что северная часть бывшей провинции Восточной Пруссии, включая Кёнигсберг, передаётся СССР, оставалось неясным, должно ли остававшееся там немецкое население покинуть территорию. В этом отношении наставшие страшные времена (повсеместный голод, описанный Урсулой Дорн,) несравнимы даже с систематичным изгнанием из советской оккупационной зоны Восточной Пруссии. Не существовало практически никакой возможности вырваться на запад в направлении оккупированной Германии.

Столкнувшись с непосредственной угрозой голода, многие люди (как и Урсула Дорн со своей матерью), в надежде на лучшую долю, пробовали бежать в Литву. Литовский город Каунас, в котором волей случая оказалась сначала Урсула Дорн, расположен приблизительно в 220 км северо-восточнее Кёнигсберга. Тут, среди бродяжничающих детей и подростков, потерявших на войне родителей, и появилось прозвище «волчата».

Действительно, сельскохозяйственные условия и связанное с ними снабжение в Литве были в то время несравнимо лучше, чем в соседней Восточной Пруссии. Несмотря на то, что война свирепствовала и в Литве, разрушения там всё-таки не были столь опустошительными. В основном, литовское население осталось в своих жилищах даже после того, как немецкий Вермахт покинул страну, и вошла Красная Армия. В результате, аграрные структуры большей частью остались прежними. Поэтому многие жители Литвы, как пишет Урсула Дорн, были готовы оказывать помощь бродяжничающим детям и взрослым, которые просили милостыню.

Тем не менее, Литва в послевоенные годы, о чём также упоминается Урсулой Дорн, совсем не была оплотом мира и безопасности. Страна, примерно через полтора века принадлежности Российской империи, в результате Первой мировой войны добилась своей независимости. А в 1940 году эта независимость была снова потеряна: согласно Пакту Гитлера-Сталина[41] от августа 1939 года, Литва попадала под советскую сферу влияния, вслед за чем в 1940 году была оккупирована Красной Армией и вошла в состав СССР. Сталинский режим жестоко поступил с литовской элитой. Когда летом 1941 года немецкая армия в ходе нападения на Советский Союз заняла и Литву, там был установлен оккупационный режим, ничем не уступавший по своей жестокости советскому. Вернувшаяся в 1944 году Красная Армия позаботилась о восстановлении Литовской советской социалистической республики. Был снова введен военный режим страшного насилия против реальных или предполагаемых стремлений к независимости литовской стороны.

Урсула Дорн рассказывает о страхе народа перед арестами советскими секретными службами. Десятки тысяч литовцев были тогда депортированы в лагеря и тюрьмы, тысячи других подверглись насильственному изгнанию. До середины 1950-ых годов отмечалось вооружённое сопротивление литовцев сталинскому режиму. Но оно всегда подавлялось с помощью вооружённых сил. И та поддержка, которая оказывалась литовцами Урсуле Дорн и многим другим немцам, ещё даже недостаточно оценена. Ведь эти люди знали, насколько для них самих было гибельно оказание помощи преследуемым немцам. То, что эта помощь не всегда предоставлялась бескорыстно, и часто использовался труд бездомных, в конечном счёте, не столь уж значительно принижает такие заслуги.

То же обстоятельство, что Урсула Дорн и её мать не только выжили, но после встречи с советскими солдатами смогли железнодорожным транспортом с другими немцами достигнуть Тюрингии, без сомнения, граничит с чудом. Между тем, руководство СССР постановило полностью изгнать оставшееся немецкое население из завоёванной части Восточной Пруссии. Чтобы подчеркнуть будущую долговечную принадлежность к СССР, в июле 1946 года Кёнигсберг был переименован в Калининград. Страшный голод, в результате которого появлялись даже случаи каннибализма, и связанные с ним эпидемии, унесли жизни более 100.000 человек.

Советской стороной в 1947–1948 годах было выдворено в оккупационные зоны примерно 25.000 выживших жителей Кёнигсберга. Урсула Дорн вместе с матерью, по-видимому, были вывезены одними из последних.

Проф. д-р Винфрид Хальдер родился в 1962 году в Динслакен (Северный Рейн-Вестфалия) и вырос в Верхней Баварии. С 1984 по 1992 изучал историю и политологию в Мюнхене и Фрейбурге. После получения звания магистра (1989) и защиты диссертации (1992) был научным ассистентом, затем старшим ассистентом кафедры экономики и социальной истории Технического университета Дрездена (1993–2003).

С 2003 по 2007 годы был на профессорской должности и заведующим учебной частью того же Университета. С 2006 года Винфрид Хальдер является директором фонда имени Герхарда Хауптманна в Дюссельдорфе и приват-доцентом Дюссельдорфского университета им. Генриха Гейне.

Комментарии редколлегии

1. Sabine Bode – немецкая журналистка, автор книг, посвящённых детям военной и послевоенной поры.
2. Школьники пользовались правом бесплатного проезда на общественном транспорте до школы и обратно.
3. Сейчас – Преголя, река, на берегах которой стоит Кёнигсберг/ Калининград. Судоходный канал связывает Балтийское море с впадающей в него рекой и обеспечивает деятельность порта.
4. Эпизодические налёты советской авиации на Кёнигсберг в 1941–1943 гг. не нанесли городу большого ущерба, и вплоть до 1944 года население жило относительно спокойно. Кёнигсберг был разрушен в ходе двух налётов британской авиации в августе 1944 г. Описываемые автором налёты советской авиации начались позже, в начале 1945 года, в ходе битвы за Кёнигсберг.
5. Contiener Weg, сейчас – ул. Транспортная.
6. Верфи Шихау, сейчас – судостроительный завод «Янтарь».
7. Первый авианалёт произошёл в ночь с 26 на 27 августа 1944 года, второй – в ночь с 29 на 30 августа 1944 г. Автор описывает второй авианалёт, когда удар пришёлся на историческую часть города. Примерно 200 тысяч жителей Кёнигсберга остались без крова, а число погибших оценивается в 5 тысяч человек.
8. Тонкие полоски фольги применялись для создания помех работе радиолокаторов.
9. Сейчас ул. Б. Хмельницкого.
10. Сейчас ул. Серпуховская.
11. В Понарте евангелическая община Хаберберга имела так называемое новое кладбище.
12. Районы Mittelhufen и Vorderhufen находились между современными Гвардейским проспектом и улицей К. Маркса.
13. Первые советские части вошли в Кёнигсберг вечером 6 апреля 1945 года, а 9 апреля 1945 г. гарнизон города капитулировал.
14. Речь идёт, вероятно, о реактивных зажигательных снарядах, массово (как и другие виды артиллерии) применявшихся при штурме города. Описываемые события происходили, скорее всего, 8 апреля – в этот день район города к югу от Преголи был занят советскими войсками.
15. Располагалась приблизительно на месте нынешнего Дома Искусств.

16. В настоящее время это бывший Балтийский район Калининграда.
17. Другие бывшие жители города также упоминают о том, что население было выгнано за его пределы, а через некоторое время возвращено обратно. Причина, возможно, заключалась в необходимости очищения Кёнигсберга от остатков немецких войск и диверсантов.
18. Типичный для болотистых мест Восточной Пруссии способ укрепления дорог.
19. Сейчас – проспект Калинина.
20. Такого приказа Сталин не отдавал. Распорядок жизни города регулировался приказами военного коменданта гарнизона. Отношение к немецкому населению регламентировалось «Директивой Ставки Верховного Главнокомандования командующим войсками и членам Военных советов 1-го Белорусского и 1-го Украинского фронтов об изменении отношения к немецким военнопленным и гражданскому населению», № 11072 от 20 апреля 1945 г. (Документ № 153 http://militera.lib.ru/docs/da/berlin_45/08.html)
21. Улица не сохранилась, располагалась между современными ул. Багратиона и ул. Б. Хмельницкого.
22. Schloßteich, сейчас – Нижнее озеро.
23. Ныне – Южный парк.
24. Сейчас сохранившаяся часть улицы является отрезком Ленинского проспекта от гостиницы «Калининград» до перекрёстка с ул. Черняховского.
25. Теперь это участок Ленинского проспекта от ул. Багратиона до реки Преголи.

26. Сейчас – реки Неман, отделяющей Калининградскую область России от Литвы.
27. Так называемая «Армия Свободы Литвы», вышедшая из сформированной Германией в 1944 г. Литовской армии, которая вела партизанскую войну против СССР и его сторонников, в том числе, из литовцев.
28. Знаком националистических литовских партизан был ромб, в котором находился крест с двумя поперечными перекладинами одинаковой длины.
29. «Русскими партизанами» могли быть истребительные отряды НКВД.

30. Как и в других национальных республиках СССР, в Литве было два официальных языка. К 1989 г. русский язык был родным для 12% населения Литовской ССР. Никакого запрета на использование литовского языка не существовало.
31. Приёмный лагерь в земле Нижняя Саксония, действующий и в настоящее время.
32. Как и пишет автор, отношения между местным и вновь прибывшим населением зачастую складывались непросто. Размещение беженцев на этом этапе стало дополнительной нагрузкой на разрушенную войной экономику немецких земель.
33. Берлин, уже разделённый на 4 оккупационные зоны, но пока ещё со свободным перемещением между секторами.
34. Hans Graf von Lehndorff: Ostpreußisches Tagebuch. Aufzeichnungen eines Arztes aus den Jahren 1945–1947. Biederstein, München 1961; 21. Auflage. Beck, München 2006.
35. Marion Gräfin Dönhoff: Namen, die keiner mehr nennt. Ostpreußen – Menschen und Geschichten; Reinbek: Rowohlt 2009.
36. Исповедующая церковь (Bekennende Kirche) – христианское движение Сопротивления в нацистской Германии.
37. Союз изгнанных (Bund der Vertriebenen, BdV) – германская общественная организация, в которую входят региональные объединения лиц, депортированных после Второй мировой войны.
38. Культура памяти (Erinnerungskultur) – общественное движение, поддерживаемое государством; направлено на сохранение культурного и исторического наследия, собирание и архивирование документов. Особое внимание уделяется свидетельствам очевидцев военных лет.
39. Halder, Winfried: Im Teufelskreis der Gewalt. Sowjetische Soldaten und deutsche Zivilbevölkerung 1944/45. Anmerkungen zu neuen Forschungsergebnissen, in: Deutschland-Archiv 5/2007, S. 815-823.
40. Franzen, K. Erik: Die Vertriebenen. Hitlers letzte Opfer, München 2002 [Taschenbuchausgabe], S.40 f
41. «Пакт Гитлера-Сталина от августа 1939 года» в российской историографии называется «пактом Молотова-Риббентропа».

Урсула с сестрой Евой в Кёнигсберге (около 1943 года)

Мамины родители, бабушка и дедушка Хауке,
в Кёнигсберге (до 1939 года)

Двоюродная сестра Герда с Гансом и Евой
в Кёнигсберге (около 1941)

Тётя Агнес в молодости.
Кёнигсберг. (около 1942 года)

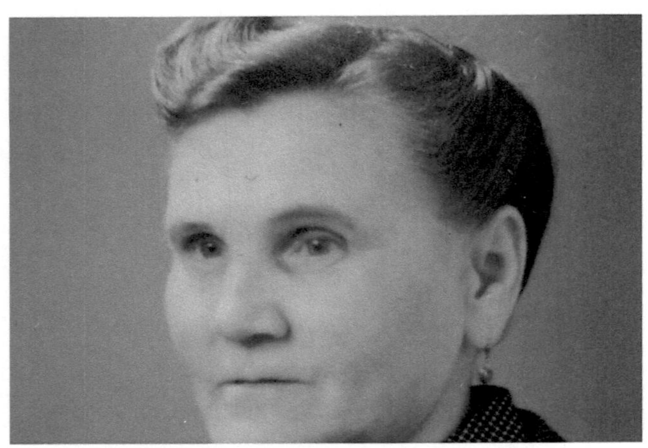

Мама в ГДР (после 1945 года)

Школьное фото в Вайсбахе/Шмёльн, ГДР;
Урсула в центре наверху в светлом свитере (весна 1949)

Дядя Алвин
с дочерью Гердой
и её сыном Эриком
в Париже
(около 1950 года)

Урсула в ГДР (1951)

Урсула после бегства в ФРГ (1954)

Автор Урсула Дорн (2007)

Оглавление

Урсула Дорн

Волчонок из Кёнигсберга

Автобиографический роман

Перевод с немецкого: Татьяна и Вальтер Фризен
Редакторы: Алекс Дрегер, Вальтер Фризен
Редактор серии „Жертвы Второй мировой“: Гуго Вормсбехер

Третье издание.
Формат 60x84/16. Печать офсетная.
Объём 5 а.л. 100 стр.

Отпечатано в типографии *Rediroma-Verlag*